U0954869

山东大学环境科学与工程学院二十年（2000.12～2020.12）发展简史

本书编委会　编著

山东大学出版社
SHANDONG UNIVERSITY PRESS
·济南·

图书在版编目(CIP)数据

山东大学环境科学与工程学院二十年(2000.12～2020.12)发展简史/本书编委会编著.—济南:山东大学出版社,2023.10

ISBN 978-7-5607-7939-3

Ⅰ.①山…　Ⅱ.①本…　Ⅲ.①山东大学环境科学与工程学院—校史　Ⅳ.①G649.285.21

中国国家版本馆 CIP 数据核字(2023)第 179431 号

责任编辑　祝清亮
文案编辑　孟希亚
封面设计　王秋忆

山东大学环境科学与工程学院二十年(2000.12～2020.12)发展简史
SHANDONG DAXUE HUANJING KEXUE YU GONGCHENG XUEYUAN ERSHINIAN (2000.12～2020.12)FAZHAN JIANSHI

出版发行　山东大学出版社
社　　址　山东省济南市山大南路 20 号
邮政编码　250100
发行热线　(0531)88363008
经　　销　新华书店
印　　刷　济南乾丰云印刷科技有限公司
规　　格　787 毫米×1092 毫米　1/16
　　　　　10.5 印张　155 千字
版　　次　2023 年 10 月第 1 版
印　　次　2023 年 10 月第 1 次印刷
定　　价　68.00 元

山东大学环境科学与工程学院二十年(2000.12～2020.12)发展简史

编委会

主　任　高宝玉　王曙光　蔡　勇　景传勇　刘　健

委　员　(按姓氏笔画排序)

王　英　王　斌　王吉顺　王志宁　王曙光
包　南　刘　健　刘汝涛　刘春光　苏继新
李小明　李玉江　李善评　宋红明　张　建
岳钦艳　赵大传　胡　振　袁宪正　高宝玉
常景彩　崔兆杰　景传勇　蔡　勇

编　者　徐长平

序

景传勇院长送来书稿《山东大学环境科学与工程学院二十年(2000.12～2020.12)发展简史》,让我写个序。我翻看全书,没有犹豫,就欣然接受了这个任务。我在2013年被聘为山东大学环境科学与工程学院名誉院长,学院的事就是我的事,何况是这么大的事。

我清楚地记得,当我在山东大学化学系读本科时,学校还没有环境专业,后来才成立的环境工程系,并于1995年开始招生。2000年"三校合并"时新成立的环境学院的大部分力量基本来自化学学科派,像学院的第一任院长高宝玉教授,之前就是山东大学化学院的副院长。因此,我们在学术和工作上有很多交流。长期以来,我与母校环境学科和化学学科的合作没有断过。所以,我也是学院发展壮大的见证者,也有一定的发言权。

看了《山东大学环境科学与工程学院二十年(2000.12～2020.12)发展简史》,确有很多触动。首先,这是一件很有意义的事。一个民族,一个国家,不能忘记自己的历史,辉煌的,苦难的,都要记住。一个单位,甚至每一个人,也是一样的。走得时间长了,感觉累了,就停下来,回头望望,想想自己是从哪里来的,是怎么走过来的。我相信,时间愈久远,思路愈清晰。其次,写作形式比较新颖。一年写一篇,很清晰,很完整。这很可能是学院建制历史还不长的缘故,如果与山东大学120年的历史一样长,也不见得合适。我想,50年之内，此种写作形式不失为一个好的方法，仍然可以这样写下去。这给未来续史者奠定了一个好的基础。最后，突出了教授和学生。大学就是教授带领学生追求知识和真理的地方，重点记录他们的事迹是完全正确的。正是因为有了这些优秀的学者和学生，学院才能走到今天，才能取得这么多成果，学院才丰富多彩起来，他们才是学院最大的财富。

记录历史的目的是什么？我想只有两个：一是不忘记从哪里来；二是知道要到哪里去。前者是基础和积累，后者是传承和升华。如果健忘，就失去了宝贵的经验和教训，就会迷失前进的方向。这是哲学问题，也是现实问题。

2019 年 8 月，学校采取我的提议，成立了山东大学环境学科战略咨询委员会并召开了第一次会议。2020 年、2021 年，又先后召开了第二次、第三次咨询会。应该说，各位专家对我们学院的历史、现状都比较清楚，而且根据国际前沿环境学科发展趋势，提出了很多建设性的意见。希望学院领导班子和学科带头人认真思考，结合学院实际，按照“十四五”规划，拿出切实可行的措施，扎扎实实，一步一步往前推进。

山东大学环境学科从无到有，从小到大，从弱到强，取得了巨大的成绩。特别是成立环境学院后的这二十年，突飞猛进，我是看在眼里，喜在心上。但是，从长远的、可持续发展的要求出发，还是要多找不足、找短板。只有这样，工作才有针对性，才能找到有效的途径和正确的方向。

2021 年的第三次战略咨询会议上，传勇提出了三个“亟待”：一是高水平人才的引育体系亟待加强；二是学科引领作用及影响力亟待提升；三是重大原创性成果与技术亟待突破。他还提出了一些措施和办法，我表示赞同。人才是关键，没有高水平的人才，哪来的学科，哪来的成果？只要我们积极面对困难，就有希望。从中，也引发了我的一些思考。

当今世界，环境保护与可持续发展已经成为发达国家发展战略的核心，以信息技术、绿色技术为代表的新技术革命，正深刻改变着世界发展格局。

党的十八大以来，以习近平同志为核心的党中央高瞻远瞩，审时度势，把生态文明建设作为统筹推进“五位一体”总体布局和协调推进“四个全面”战略布局的重要内容，把“绿色发展”确立为五大发展理念之一，把“生态文明”写入宪法，把“美丽中国”确定为建设社会主义现代化强国的重要目标，并开展了一系列根本性、开创性、长远性的工作。

《国务院关于印发水污染防治行动计划的通知》（国发〔2015〕17 号）指出，到 2030 年，力争全国水环境质量总体改善，水生态系统功能初步恢复。到本世纪中叶，生态环境质量全面改善，生态系统实现良性循环。《国务院关于印发土壤污染防治行动计划的通知》（国发〔2016〕31 号）指出，到 2030 年，全国土壤环境质量稳中向好，农用地和建设用地土壤环境安全得到有效保障，土壤环境风险得到全面管控。到本世纪中叶，土壤环境质量全面改善，生态系统实现良性循环。《黄河流域生态保护和高质量发展规划纲要》指出，建设黄河下游绿色生态走廊，加大黄河三角洲湿地生态系统保护修复力度，促进黄河下游河道生态功能提升和入海口生态环境改善，开展滩区生态环境综合整治，促进生态保护与人口经济协调发展，确保在 2025 年前黄河流域生态保护和高质量发展取得明显进展。

国家战略的发布，给环境学科带来了重大机遇。服务国家战略与社会经济建设，通过提升科技创新与成果转化能力，支撑国家重大环境问题的解决，彰显我国环境领域国际话语权，是环境学科发展的重要动力。

一是要强化区域性、流域性环境问题成因机理以及内在时空演变规律研究。阐明环境多系统、多污染物、多要素、多介质、多过程交互影响和调控机制。开展多学科交叉的重大变革性、颠覆性生态环境保护技术原理研究，为切实提高环境治理的精准性和有效性提供科学基础。

二是要围绕污染控制与治理、生态保护与修复中的关键技术和“卡脖子”技术，加强技术研发。形成关键技术设计、生产和应用能力。提高集成再创新能力，形成具有自主知识产权的整装成套技术装备，大幅提高技术装备国产化率。

三是要实施区域环境综合治理。开展流域水环境和区域大气环境污染的综合治理。典型生态功能退化区综合整治的技术集成与示范，开发饮用水安全保障技术以及生态和环境监测与预警技术，大幅度提高改善环境质量的科技支撑能力。

四是要强化产研融合。坚持“送科技、解难题”科技帮扶机制，推动科研人员深入基层一线，帮助地方和企业解决实际问题，践行“把论文写在祖国大地上”的理念。

五是要积极参与国际环境合作。加强全球环境公约履约对策与气候变化科学不确定性及其影响研究，提升应对环境变化及履约能力。

现阶段我国的环境问题及其研究呈现新的趋势：从重视污染的末端治理技术到建立多污染物的多种手段的综合防治思路，从单个污染物控制到多污染物多介质复合作用机理以及协同控制，从强调工业点源治理到重视农村面源控制，从突出城市污染控制到进行流域与区域的整体污染控制，从重视国家层面的污染控制到全球层面的污染机理与控制，从强化污染控制的科学与技术手段到建立循环经济与低碳经济，从在环境领域解决环境问题到从本质上改变人类生产方式、生活方式乃至生存方式转变，等等。这些特点，希望引起同仁的重点关注。

读史悟道，团结奋斗，笃行致远，一起向未来。

山东大学环境科学与工程学院

名誉院长　江桂斌

2022 年 3 月于北京

目　录

2000：从哪里来？

2000年7月14日，教育部宣布决定：山东大学、山东医科大学、山东工业大学合并组建新山东大学，同时撤销原三校建制。7月22日上午，三校合并大会在山东大学科学会堂隆重举行。

2000年7月22日，山东大学、山东医科大学、山东工业大学合并组建新山东大学大会

为加快实质性整合步伐，合校之初，学校迅速进行了"两个重大调整"。首先进行的是校部机关及部分直属单位中层干部配备调整，这项工作于10月

15 日结束后，随即进行了学科与院系调整。

新山东大学的环境学科是作为新兴学科重点整合的。原三校都没有独立的环境学院，环境学科设在原山东大学化学与环境科学学院和原山东工业大学环境与化学工程学院。

原山东大学的环境学科可溯源到 1988 年 12 月成立的环境科学中心。环境科学中心的主任是王淑仁教授，副主任是孙讷正教授。由于孙讷正教授长期居住美国，环境科学中心的工作基本上由王淑仁教授主持开展。因此，王淑仁教授是山东大学环境学科当之无愧的开拓者和奠基人，环境科学中心就是原山东大学环境学科的起点。环境科学中心的办公地点在山东大学新校 1 号学生宿舍楼，仅有 1 间办公室、6 名教职员工。

1989 年，学校任命王淑仁教授兼任学校实验中心主任。不久，环境科学中心搬进实验中心楼合署办公。在多位老师的努力下，环境科学中心与实验中心于 1992 年获得国家环境保护局颁发的《建设项目环境影响评价资质证书》（甲级）。从此，环境科学中心与实验中心的多位老师组织开展了环境影响评价工作。

山东大学实验中心成立于 1981 年，在教育部的大力支持下，配备了先进的实验设备，技术力量雄厚，拥有山东省技术监督局颁发的《计量认证合格证书》。

1994 年 12 月 14 日，为了进一步促进环境学科的发展和人才培养，环境科学中心与山东大学实验中心宣告合并，成立新的环境工程系，王淑仁任主任，高连存、陈方任副主任，祁照禄任党支部书记。

新成立的环境工程系于 1995 年分别从化学、微生物和生物专业二年级本科生中挑选了 16 名学生改学环境工程专业，他们是环境工程系的第一届本科生（1993 级，1997 届）。从 1996 年起才正式招收环境工程专业本科生。

1995～1996 年，包南和殷永泉受命与清华大学环境工程系合作，创建了山东省综合大学第一个以水处理工程为核心，集教学、科研及工业化小试于一体的环境模拟与污染物控制实验室，受到了学校主管部门及验收专家的一致好评，该实验室 1996 年被批准为山东大学首批校级重点实验室。1996 年，包南荣获首届“山东大学柯利德奖教金”。

1994年，由高连存和包南主持完成的“便携式富集柱型环境水质有机污染物自动取样器”项目由原国家环保局立项，通过了原国家环保局组织的专家会议鉴定，填补了国内空白，技术上达到了国际先进水平，1995年获山东大学优秀科技成果二等奖。由包南和高连存主持完成的“水中微量有机污染物的树脂吸附富集及其机理与应用的研究”项目，于1999年获山东大学优秀科技成果二等奖。

1998年5月，王淑仁教授因病不幸去世，学校对环境工程系党政领导班子进行调整，高连存教授任主任，高宝玉、肖天存和陈方任副主任，赵焕绥任党支部书记。

1999年，与清华大学环境工程系国家重点实验室合作完成的“水处理实验装置的加工与教学合作”项目结题后，为新成立的环境工程系设计加工了各类实用新型水处理装置11套15件。这些装置既可用于动态和连续化操作，又可用于静态和间歇式操作；不仅适用于教学，而且适用于科研和工业化模拟试验，一改以往同类装置只能教学演示而难以实际操作和综合联用的弊端，在国内同类教学设备中居领先水平。

1999年10月，环境工程系与化学院合并组成山东大学化学与环境科学学院，姜建壮教授任院长，刘会杰任分党委书记，高宝玉教授、司志坤教授、侯万国教授和姜玮副教授任副院长，刘春博任分党委副书记，胡建国任办公室主任(2000年5月由宋红明接任)。学院下设化学、环境工程两个系。高宝玉分管环境学科和科研工作。

2000年6月，高宝玉、宋红明和包南等6人代表学校承办了“全国高等学校环境工程教学研讨会暨全国高等学校环境工程专业教学指导委员会三届六次扩大会议(威海)”。

山东工业大学的环境学科始于1983年与哈尔滨工业大学联合招收环境工程硕士。山东工业大学负责招生并颁发毕业证，哈尔滨工业大学负责审核并颁发学位证，1986年第一届硕士生为赵健夫，后来还有杨军、赵大传等。

1984 年，山东工业大学基础部开始招收环境工程专业专科生，1995 年招收环境工程专业本科生（工学）。汪云琇和陈林堂两位老师为学科的建设付出了巨大的心血，他们是山东工业大学环境学科的领导者和奠基人。

1997 年，从事环境学科教研工作的教师并入山东工业大学数理系。1998 年，获批环境工程二级学科硕士点。

1999 年，在数理系普通化学教研室的基础上组建了环境工程系，同时与化学工程系合并组建了环境与化学工程学院。

三校合并就像是“一次巨大的地壳运动”，使得两支完全不同路径的小溪汇聚到了一起。利用这样一个良好的契机，整合学科资源，让它变成了一条小河，向大江大河奔去，这样的办学理念在新山大领导集体中很快形成。

2000 年 12 月底，随着《山东大学院系调整方案》正式颁布，新的“山东大学环境科学与工程学院”诞生。这也是新山东大学组建的第一个新学院。学院由原山东大学化学与环境科学学院环境工程系和原山东工业大学环境与化学工程学院环境学科部分力量组建而成。两院环境工程专业的在读学生转入新的学院。

此乃山东大学环境科学与工程学院的起源与开端。

山东大学环境工程系 2000 届毕业生合照

2001：恰逢“百年校庆”，整装出发好时机

2001年1月20日，学校党委宣布：高宝玉任学院院长，刘会杰任分党委书记；赵大传任副院长，刘春博任分党委副书记；3月，宋红明任办公室主任。领导团队到位，新机构全面启动。

高宝玉，男，1961年生，山东鄄城人。1978.10～1982.7，华东石油学院石油炼制系化学专业，获理学学士学位；1982.8～1984.8，华东石油学院石油炼制系助教；1984.9～1987.7，上海华东化工学院环境工程系，获工学硕士学位。1987年8月进入山东大学化学学院工作；1989.1～2000.12，历任山东大学环境科学中心、山东大学环境工程系、山东大学化学与环境科学学院讲师、副教授、系副主任、教授、副院长，并于1996.3～1999.3在清华大学环境科学与工程系获工学博士学位；2001年1月，成为山东大学环境科学与工程学院第一任院长。

刘会杰，男，1951年生，山东淄博人。1968年参军，1970年进入复旦大学新闻学院学习，毕业后回部队，历任团政治处干事、主任(副团职)。1986年转业到山东大学，先后任学校党委办公室主任科员、学生工作部副部长、哲学系党总支书记、化学学院分党委书记。

赵大传，男，1963年生，山东费县人。1984年本科毕业于山东师范大学

化学系。1990 年山东工业大学环境工程专业研究生毕业，获硕士学位，并留校任教。主要从事环境污染控制工程技术教学和研究工作，是山东省环境影响评价知名专家。

刘春博，男，1964 年生，山东烟台人。

宋红明，男，1962 年生，山东省文登人。1990.3～1993.3，历任学校党委宣传部、校团委、党委办公室副主任科员、主任科员；1998 年，党委办公室、校长办公室合并办公后，任行政科长；2000 年 5 月，任山东大学化学与环境工程学院办公室主任；2001 年 3 月，任山东大学环境科学与工程学院办公室主任，分管行政和后勤工作，协助院长分管财务工作。

新学院的工作千头万绪，教学、科研工作任务繁重，特别是来自学科发展方面的压力巨大。突出的问题主要有两个。一是“开张问题”。办公、实验用房紧张，漏水、线路老化等问题突出；办公设备紧缺，一台微机都没有，一张像样的办公桌都难找；要用钱的地方很多，账上却是空白。可谓条件差、底子薄。二是“融合问题”。由于是新组建的单位，工作不协调、思想不稳定的现象突出，凝聚力不够强。但是，在学校党委和行政机构的大力支持下，党委“一班人”坚定信心，精诚团结，努力工作，迎难而上，带领师生员工干事创业，迈出了坚实的一步。

要事

5 月，山东大学和山东省环境保护局签署共建协议，联合共建环境科学与工程学院。协议确定，山东省环境保护局连续两年每年资助 50 万元用于学科建设，并且对学院的科研项目给予大力支持。校地共建为学院的发展奠定了重要基础。

11 月，山东大学聘请老校友、原国家环保局局长曲格平先生为学院名誉院长，曲先生为学院名题字。

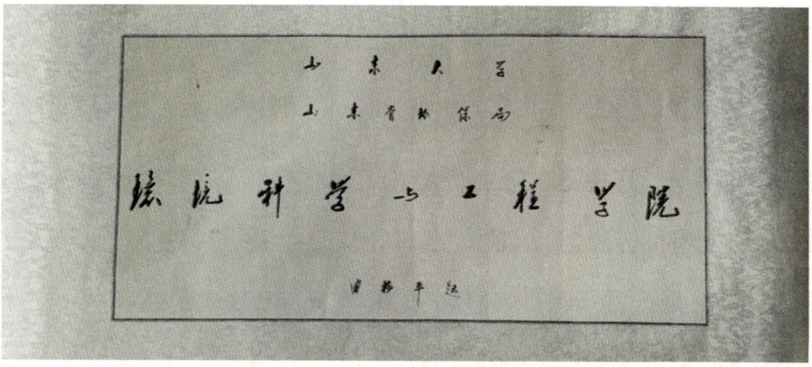

曲格平先生题写学院名

曲格平，男，1930 年生，山东肥城人。1952 年毕业于山东大学文学艺术系，后到吉林大学进修有机化学专业。他是中国环境保护事业的主要开拓者和奠基人之一，参与了“预防为主，防治结合”“谁污染谁治理”“强化环境管理”三大环境政策体系的制定，为探索建立具有中国特色的环境保护制度作出了杰出贡献。为表彰他的优异成就，1987 年联合国环境规划署授予他“联合国环境规划署金质奖章”。

综述

一是理顺建制机制，实现高度融合。党政领导班子成员既有分工又有合作，相互尊重，互相补台。实行党政联席会议决策制度，集思广益，民主集中，充分发挥班子中每一位成员的主观能动性和积极性。成立了一个系、三个研究所和一个中心实验室（院实验教学中心前身），初步建立了财务管理、环评管理、教学管理等各项规章制度，使教学、科研、开发、测试服务等各项工作顺利开展起来。二是推动改革创新，促进更快更好发展。根据学校提出的各项改革措施（如人事制度、分配制度、教学制度等），结合学院实际，实行新岗位责任制和岗位津贴。三是组织全院教工认真学习《中华人民共和国高等教育法》《公民道德建设实施纲要》等重要文件，开展师德建设大讨论，增强了教职工的责任感和使命感，形成了开拓创新的良好氛围。

师资

在职教工48人，其中37人来自原山东大学，11人来自原山东工业大学。

教授4人，分别是高连存、李凤仙、高宝玉、李丽霞，副教授21人。有博士学位者5人，分别是高宝玉、殷永泉、崔兆杰、高灿柱、苏继新，有硕士学位者12人。

学校发布《关于公布2002年招收培养博士生指导教师人员名单的通知》，高宝玉作为2001年新增列分析化学专业的博士生指导教师开始招生，成为学院第一位博士生导师。

为了弥补师资力量的不足，学院从其他高校、科研院所及政府管理部门聘任兼职教授11人，如中国环境科学研究院的王文兴院士，山东省环境保护局的张凯局长、张晓东副局长、张波副局长、徐刚副局长等。

通过多种渠道盛情邀请高水平院校和科研院所的高水平人才来学院工作。鼓励青年教师在职攻读博士学位，并给予政策、经费上的鼓励和支持。

表1　学院成立之初全体教工基本信息

序号	姓名	性别	出生年月	职务级别	专业技术职务	学历/学位	备注
1	高宝玉	男	1961.7	院长	教授	研究生/博士	
2	刘会杰	男	1951.1	党委书记	副研究员	大学本科	
3	赵大传	男	1963.3	副院长	副教授	研究生/硕士	原山东工业大学
4	刘春博	男	1964.5	副书记			
5	宋红明	男	1962.8	院办主任	助理研究员	函授专科	
6	高连存	男	1945.2		教授	研究生/硕士	
7	李凤仙	男	1945.1		教授	大学本科	原山东工业大学
8	李丽霞	女	1945.10		教授	研究生/硕士	
9	崔兆杰	男	1963.11		副教授	研究生/博士	
10	苏继新	男	1966.1		副教授	研究生/博士	

续表

序号	姓名	性别	出生年月	职务级别	专业技术职务	学历/学位	备注
11	殷永泉	男	1966.5		副教授	研究生/博士	
12	高灿柱	男	1963.2		副教授	研究生/博士	
13	姜庆利	男	1945.1		副教授	研究生/硕士	原山东工业大学
14	王　艳	女	1968.1		副教授	研究生/硕士	
15	岳钦艳	女	1958.9		副教授	研究生/硕士	
16	吕华黎	女	1959.7		助理会计师	高中	
17	王吉顺	男	1962.9		副教授	大学本科	
18	彭海云	男	1965.11		副教授	研究生/硕士	
19	包　南	男	1962.3		副教授	研究生/硕士	
20	关家锐	男	1955.6		高级实验师	夜大大专	
21	李翠平	女	1956.1		高级实验师	电大毕业	
22	于　慧	女	1957.3		实验师	函授本科	
23	郑　莹	女	1960.10		实验师	电大毕业	
25	邱　琴	女	1953.1		实验师	电大毕业	
25	冯素萍	女	1957.3		高级工程师	电大毕业	
26	黄　佶	男	1963.7		高级工程师	大学本科	
27	聂　伟	男	1966.6	正科级	工程师	函授本科	
28	常宏文	女	1964.1		工程师	电大毕业	
29	徐　丽	女	1963.3		实验师	高中	
30	刘春花	女	1963.2		实验师	高中	
31	刘济平	女	1963.2		馆员	电大	
32	任丽军	女	1973.8		讲师	研究生/硕士	
33	赵文强	女	1954.12	副处级	助理研究员	大学专科	
34	王信东	女	1962.12		副教授	大学本科	原山东工业大学
35	李玉江	男	1963.11		副教授	大学本科	原山东工业大学
36	李善评	男	1963.10		副教授	大学本科	原山东工业大学

续表

序号	姓名	性别	出生年月	职务级别	专业技术职务	学历/学位	备注
37	李　力	女	1970.4		讲师	研究生/硕士	原山东工业大学
38	赵海霞	女	1964.12		实验师	夜大大专	原山东工业大学
39	谭砂砾	女	1956.1		高级工程师	大学本科	原山东工业大学
40	杨凌霄	女	1973.8		讲师	研究生/硕士	原山东工业大学
41	尚淑霞	女	1945.11		副教授	大学本科	
42	艾子萍	女	1946.4		副教授	大学本科	
43	刘廷礼	男	1949.10		高级实验师	电大毕业	
44	张成禄	男	1950.1		工程师	大学本科	原山东工业大学
45	隋　华	女	1950.9		高级工程师	大学本科	
46	岳书斌	男			副教授	研究生/硕士	
47	魏淑芬	女	1956.4		副教授	大学本科	
48	刘红英	女					

学科

建院之初，仅有环境工程1个本科专业和环境工程1个硕士授予点。设“一系三所一中心”，即环境工程系和现代分析测试研究所、环境科学研究所、环境工程研究所以及中心实验室，学科的弱势地位明显。学科建设被列为学院各项工作中的重中之重，加强师资队伍建设，积极引进或培养杰出学者，加强科学研究和技术成果的转让，争取各方资源，申报环境科学本科专业，尽快申请到环境学科的博士点授予权，成为领导班子的共识。

2001年年底，环境科学本科专业申报成功，本科专业结构得到改善，2002年开始招生。学院新设“二系三所一中心”，即环境工程、环境科学2个系，现代分析测试、环境科学、环境工程3个研究所，1个中心实验室。

教学

根据《山东大学院（部）本科教学工作优秀评估方案》，11～12月学校专家组对学院进行了初评。通过“评优”，找到了差距，促进了教学基本建设，推动了教学改革。

完成实验室基础建设投资210万元，中心实验室所属各实验室的条件建设蒸蒸日上。拥有大型分析测试仪器红外光谱20SX、色谱－质谱联用仪、红外光谱5DX、气相色谱、液相色谱、元素分析、原子吸收、扫描电镜、透射电镜、紫外光谱、拉曼光谱、核磁共振、X射线衍射分析仪等20台，价值800多万元。

承担山东省高等学校教学改革试点专业（环境工程）教学研究课题1项、校级环境教育课件制作课题1项，发表教学改革论文2篇，获校级优秀教改论文三等奖1篇。

2001年9月17日，学校公布《2001年度新增硕士生指导教师名单》，苏继新、殷永泉、包南、李玉江、尚淑霞、刘春博、张凯、张波入选。

为加强实践教学基地建设，与济南水质净化一厂、济南水质净化二厂、济南钢铁集团公司、济南炼油厂、山水集团、济南化纤集团总公司、莘县政府等建立了合作关系。2001年，与学院“跨世纪”长期合作的光大水务（济南）有限公司一厂教学实习基地被评为山东大学“十佳”优秀基地。

学术与科研

为庆祝山东大学建校100周年，9月25～27日，与山东省环境保护局、山东省人民对外友好协会、日本山口县环境生活部、日本山口县日中友好协会、日本宇部市政府、日本香川学园环保技术中心联合举办了“中日学术交流环境保护研讨会”，学院多名教师参加并进行了大会交流。曲格平先生作了题为《生态安全》的报告，山东省环保局局长、兼职教授张凯作了题为《山东省环境状况及对策》的报告，山东省环保局副局长、兼职教授张波作了题为《南水北调及存在的商机》的报告。

先后邀请中国工程院院士王文兴研究员、中国科学院生态环境研究中心环境水质学国家重点实验室栾兆坤研究员、复旦大学环境科学与工程系陈建民教授、山东师范大学周兆驹教授来学院作学术前沿报告。学院的科研工作主要围绕环境污染防治、水处理药剂、环境影响评价、环境分析与监测、清洁生产、环境管理和环境生态领域展开。

年度在研课题 10 项，其中纵向课题 6 项；总经费 600 余万元，其中横向经费 200 万元。

共发表论文 22 篇，被 SCI、EI 收录 6 篇。

学生

学院第一年招生，本科生 114 人，硕士研究生 18 人。

65 名 97 级本科生、7 名研究生毕业，一次就业率达 100%。他们是学院成立之后的第一届毕业生。截至 2001 年年底，学院共有全日制本科生 449 名，研究生 34 名。

山东大学环境科学与工程学院 2001 届本科生毕业照

为了加强学生素质教育，学院进行了思想道德教育、环境保护、素质教育问卷调查，有针对性地对学生加以教育引导。新生军训中，新生连队被评为“先进连队”。开展团支部达标升级活动，获得学校“先进班级”“十佳团支部”“五四奖状”等荣誉。本年度学院发展党员 24 人。

1999 级环境工程专业本科生张栋华获 2001 年度山东大学校长奖学金。

1999 级硕士研究生陈超获 2001 年度山东大学优秀研究生奖学金。

2000 届本科生王媛的论文《聚硅氯化铝混凝剂的形态分布及效果研究》，获评山东省优秀学士学位论文（指导老师：高宝玉。全校共 17 篇）。

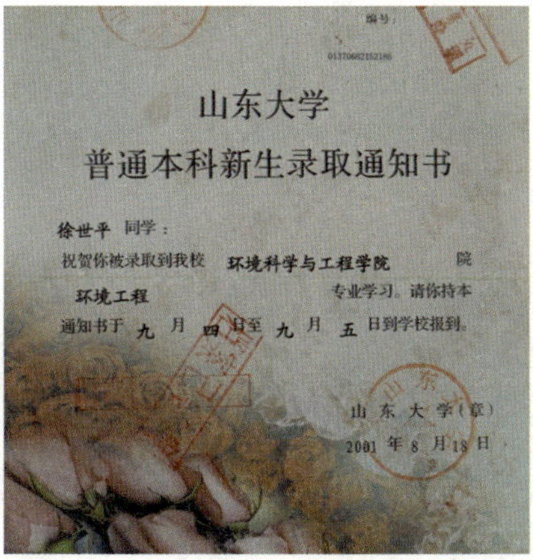
编号：
山东大学
普通本科新生录取通知书
徐世平 同学：
祝贺你被录取到我校 环境科学与工程学院 院 环境工程 专业学习。请你持本通知书于 九 月 四 日至 九 月 五 日到学校报到。
山东大学（章）
2001 年 8 月 18 日

学院首批本科生录取通知书

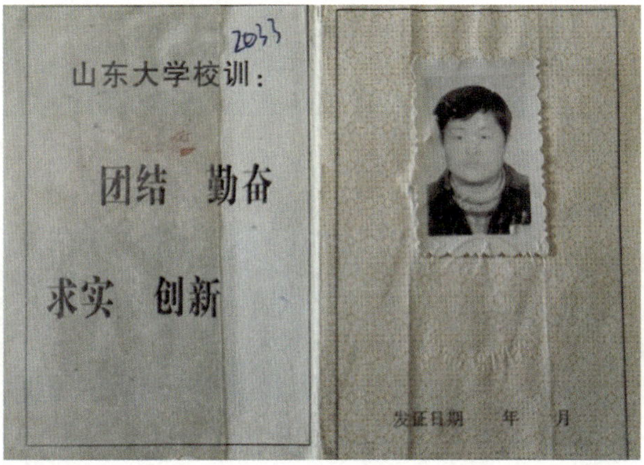

学院首批本科生学生证

基建

从学校争取了 20 万元的发展启动经费和 6 万元的办公条件改善经费，购置了投影仪、计算机、办公桌椅等，装修建设了会议室，办公条件得到了很大改善。2001 年年底，基本上实现了办公自动化。

本科评优工作从学校争取了 460 万元的实验室建设经费，当年实际到位 210 万元。利用该资金建设了环境微生物实验室、环境监测实验室、环境工程基础实验室、环境化学实验室、多媒体教室、清洁生产工艺实验室等。

从学校争取到300万元学科基本建设经费。根据学校的要求和学院的现状，重点扶持水污染防治理论与技术、环境分析与监测、清洁生产、环境催化等研究方向。

借百年校庆之机，从学校争取到170万元的专项经费，利用该资金对破损严重、长久失修的办公楼进行了彻底改造，为办学提供了良好的工作环境。

2002：着力学科基础，确立突破方向

综述

重视党政领导班子建设。实行党政联席会议议事制度，领导班子坚持原则，相互尊重，以身作则，勇于承担责任，形成了一个开拓创新、与时俱进、有责任感和凝聚力的战斗集体。领导班子成员积极为教职工送温暖解难题，干事创业的氛围浓厚，集体的凝聚力得到增强。

在工作中，充分发挥院学术分委员会、学位分委员会和财经工作领导小组的作用。围绕教学科研中心工作，坚持走群众路线，妥善处理工作中出现的各种问题和矛盾，妥善处理改革、发展与稳定的关系，行政决策的民主性与科学性得到增强，成效明显。进一步完善了《岗位津贴分配办法》《实验室管理办法》等各项管理规章制度，在学校率先实行了公房定额配置、超额有偿使用的举措，为学科发展和实验室建设腾出了空间。

学院"南区东迁"工作顺利，圆满完成学校布置的搬迁任务。

这一年，原东校区的"环境模拟与污染控制实验室"所属教学实验室与南校区"环境与化工实验教学中心"所属的环境类实验室合并，正式成立了"环境科学与工程学院实验教学中心"。该中心是学院本科生实验教学的实训平

台，也是硕士生、博士生和院内教师们可资共享的实验基地。中心下设“环境科学与工程基础实验室”“环境科学专业实验室”“环境工程专业实验室”和“微机教学实验室”等四个教学实验室，涵盖了包括10余门基础课、专业基础课和专业课在内的教学实验功能化分室。

济南中心校区学院教学科研楼

师资

在职教工52人，其中教授7人，副教授19人，其他高级技术职称8人；有博士学位的8人，有硕士学位的15人，在职攻读博士、硕士学位的6人。

高宝玉被评为校聘关键岗位教授。2002年9月，岳钦艳晋升为教授，张成禄晋升为高级工程师。

引进中国科学院博士王曙光、同济大学硕士许春华、南昌大学硕士岳敏3名青年教师。与清华大学和中国科学院水土保持研究所2名在读博士研究生签订了2003年来学院工作的协议。引进的人才除了学校配套的科研启动费和安家费外，学院再追加配套1万元安家费和1万元科研启动费。

为了加快促进青年教师成长，在学院财力非常紧张的情况下，2002年拿出了5万元设立青年科研基金，资助了6名青年教师。3名青年教师考取了在职攻读博士学位的研究生。

2002年，从科研院所、政府和企业聘请了1名工程院院士和4名兼职教授，从新加坡南洋理工大学和香港大学聘请了2名客座教授。他们或来进行学术交流，或作为硕士研究生导师招收研究生，或帮助申报博士点授予权，为环境学科的发展作出了重要贡献。

学科

经过充分讨论，制定了学科"十五"发展规划，确定在"十五"期间重点发展"污染控制理论与技术""环境生态"和"清洁生产"三个方向。

充分准备环境工程博士点和环境科学硕士点的申报材料，争取在全国第九次博士、硕士学位授权审核工作中得到授予权。

3月27日，山东大学环境科学与工程研究中心成立，中国工程院院士王文兴被聘为中心主任，高宝玉、马春元、王仁卿任副主任。

教学

2002年，环境科学本科专业第一年招录40名本科生。

2002年12月，由院实验教学中心负责建设的"环境科学与工程基础实验室"在教育部基础课实验室评估工作中被评为一类实验室。

启动了环境化学实验室、清洁生产工艺实验室和微机室建设工作，其中清洁生产工艺实验室是财政部和教育部批准立项建设的实验室。清洁生产工艺实验室和环境化学实验室新购置Zeta电位测定仪、有机碳分析仪、离子色谱仪、液相色谱仪、GC/MS联用仪、激光粒度测定仪等仪器设备，大型分析测试仪器增加到27台，总价值1016万元。完成实验室建设投资288万元，实验室条件与环境再度得到改善。

争取学校和山东省环境保护局的支持，与山东省环境科学研究设计院密切合作，完成了《山东省水污染模拟与控制重点实验室建设方案》，获山东省科技厅批准立项。

承担山东省高等学校教学改革试点专业（环境工程）教学研究课题1项，校级环境教育课件制作课题2项，发表教学研究论文3篇。《天然产物（中草药）挥发油化学成分的研究》获山东省普通高校优秀实验技术成果二等奖。

学术与科研

2002年，分别从新加坡南洋理工大学、香港大学、瑞典隆德大学（Lund University）、荷兰IVAW环境研究中心、国内的科研院所、企业邀请了10多名专家教授来学院讲学和学术交流，学院内部举办了学术系列讲座活动。与瑞典隆德大学国际可持续发展中心签订了合作协议。教师参加国际、国内会议26人次。

共发表论文96篇，其中核心期刊62篇，被SCI、EI收录11篇。

高宝玉担任《安全与环境学报》编委。

本年度在研课题10项，其中纵向课题6项，总经费730余万元，当年拨入经费485.9万元。

科研成果获省部级奖励2项。胡文容"受污染水源水杀藻及新型生物活性滤料处理工艺研究"项目，获山东省科技进步一等奖。高宝玉"高效多功能有机高分子絮凝剂"项目，获山东省科技进步三等奖。

本年度，在山东省环境保护局进行的重点科技项目招标中，学院中标的项目占总招标项目的50%，这不仅反映出学院整体科研能力的提高，还体现出山东省环境保护局对山大环境学科的支持。

胡文容，男，1964年生，福建莆田人，中共党员，1985年参加工作，研究生学历，工学博士。2000.10～2001.12，任山东大学科技处处长。

学生

2002年招生156人，其中本科生130人，硕士研究生26人。毕业生137人，其中本科生127人，研究生10人，全部获得学位，一次就业率90%。截至年底，学院共有全日制在校本科生496人，研究生45人。

山东大学环境科学与工程学院2002届毕业照

毕业的本科生考研率为60%，大部分考取了清华大学、北京大学、复旦大学、南京大学、南开大学、中国科学院等知名学校和科研院所。大部分硕士研究生考取了博士研究生。

贯彻"以学生为本"的教育理念，围绕"有高度社会责任感，强烈的爱国热情，过硬的社会竞争力"人才培养目标，继承传统，勇于创新，有针对性地开展学生教育管理工作。

组织开展了多项影响较大的活动。为宣传"六·五世界环境日"，举办了"青青千佛山""畅想地球村、共画环境未来""环保手工艺品展示"三个主题活动，展涛校长参加了"青青千佛山"活动。主办了"绿色网络行"暑期"三下乡"活动，通过网络的形式连线各地环保网站，宣传环保基本知识及科研成果，在网上掀起了一场环保热潮，受到了共青团中央和山东省环保局的表彰。在“一二·九”合唱比赛中，取得全校第4名的优异成绩。

2000级本科生李娜、刘贤伟、袁宪正获山东大学“挑战杯”创业大赛一等奖。

2000级本科生芦婷和2000级硕士生王炳建获校长奖学金。2000级硕士生董维芳获优秀研究生奖学金。

2001届本科生王燕的论文《聚合氯与季铵盐复合絮凝剂的合成及特性研究》，在山东省第四次（2002年）优秀博士、硕士、学士学位论文评选中获山东省优秀学士学位论文。

学校发布《关于表彰2002届优秀毕业生的决定》，本科生安强、石敬华、袁学良和硕士研究生蒋正被评为优秀毕业生。

2003：院士加盟，学科建设取得重大突破

综述

2003年分党委重点抓了三项工作：一是党委“一班人”的理论学习。重点学习了党的十六大文件精神、邓小平理论、江泽民“三个代表”重要思想等方面的内容，在学校开展的“学党章、守纪律、正党风”教育活动中，院党委被评为“先进集体”。二是党员骨干队伍的学习教育。组织全院党员学党章、学先进，在教学科研工作中充分发挥了党员的先锋模范作用。三是师德教育和法制教育。增强了教职工的师德和法治观念。

师资

在职教工56人，其中教授8人，副教授18人，其他高级技术职称9人，博士生导师3人，硕士生导师18人，有博士学位的12人，有硕士学位的15人，在职攻读博士、硕士学位的7人。2名海外博士入职。

中国工程院院士王文兴全职加盟山大。

进一步完善了《人才引进和促进青年教师成长措施》，为人才队伍和学科

建设奠定了制度基础。

高宝玉获中国环境科学学会第五届“优秀环境科技工作者奖”和“优秀环境科技工作者特别提名奖”。

王文兴，男，1927 年生，安徽萧县人。1952 年毕业于山东大学（青岛）化学系，1959 年被派往苏联留学。1980 年调入中国环境科学研究院，1999 年当选为中国工程院院士，2003 年 11 月任山东大学环境研究院院长。他在酸雨、煤烟型大气污染、光化学烟雾、大气 PM2.5、灰霾以及环境量子化学计算等领域作出了重大贡献。他首次计算了全国大气酸性和碱性污染物排放强度地理分布，查清了全国酸雨现状及其分布规律和沉降通量；建立了我国第一套酸雨自动试验装置，并在国际上率先开发了材料二元损伤函数；王文兴教授在煤烟型大气污染方面，曾对太原和沈阳严重的煤烟型大气污染进行了大规模的综合观测研究，查清了污染物三维空间分布、演变规律、传输和来源，制定了综合防治规划；在大气光化学方面，建立了国际先进的长光路 FTIR 光化学模拟装置，并首次得到了甲烷和煤烟中 PAHs 等光化学衰减规律。

中国工程院院士王文兴

学科

经过认真准备和申报，学院获得环境科学与工程一级学科硕士点，获得《环境工程》二级学科博士点。两个学科授权点的获得，是全院上下共同的期盼，是大家艰苦努力的结果，特别是学院主要领导和各学科带头人付出了大量的心血。由此，学院人才培养工作有了十分重要的平台支撑，学科建设实现重大突破。

山东省科技厅批准建立山东省环境科学工程技术研究中心，胡文容教授任主任。

2003 年 11 月 3 日，学校发布《关于成立山东大学环境研究院和山东大学可持续发展研究中心的通知》，王文兴院士领导的新的研究院和研究中心是学校直属的科研和研究生培养的独立实体机构。

教学

加强实验教学基础建设。优化实验教学队伍，组织实验教学人员参加进修和培训，规范实验教学，提高实验教学队伍的整体素质。实行实验教学人员岗位责任制，改革实验教学管理机制。2003 年完成实验室投资 180 万元，建设环境生态实验室和固废资源化实验室，实验教学中心条件与环境得到较大改善。大型分析测试仪器增加到 30 台，总价值 1186 万元。

承担山东省高等学校教学改革试点专业（环境工程）教学研究课题1 项，校级环境教育课件制作课题 3 项，发表教学改革论文 4 篇。

李善评获 2003 年山东大学首届青年教学能手。

2003 年 4 月，包南获“山东大学实验室先进工作者”称号。

2003 年 12 月 26 日，学校发布《关于公布 2004 年招收培养博士生指导教师人员名单的通知》，新增列博士生指导教师李小明，高宝玉、崔兆杰续聘为博士生指导老师。

为加强实践教学基地建设，学院与济南水质净化一厂、济南水质净化二厂、济南钢铁集团总公司、济南炼油厂、山水集团、济南化纤集团总公司等单位均建立了合作关系。济南水质净化一厂再次被评为校级优秀实践教学基地。

学术与科研

先后聘请国内外知名专家 6 人次来讲学。教师参加国际、国内会议38 人次。

高宝玉担任《环境化学》编委。

在研课题 63 项，其中承担纵向课题 12 项，总经费 930 余万元，当年拨入经费 785.9 余万元。

共发表论文 96 篇，其中核心期刊 62 篇，被 SCI、EI 收录 11 篇。

获省部级科研成果奖 2 项。高宝玉“聚合铝硅无机高分子水处理剂”项目获教育部科技进步二等奖。崔兆杰“TOC-2000 型总有机碳分析仪原理机的研制”项目获山东省科技进步三等奖。

学生

2003 年招生 165 人，其中本科生 130 人，硕士研究生 35 人。毕业本科生 131 人，全部获得学士学位，一次就业率 90%。毕业研究生 18 人，全部获得硕士学位。截至年底，学院共有全日制在校本科生 496 人，研究生 79 人。

加强学生思想政治工作。开展主题团会、班会、座谈会、主题征文、演讲、文艺汇演、辅导讲座、图片展览等多种形式的活动，特别是在抗击“非典”的工作中，学生团结一心，众志成城，体现出新时代大学生的风采。

暑假期间与山东省环保局联合主办了暑期“三下乡”活动，受到了团中央和省环保局的表彰。对聊城部分社区居民进行环保知识及科研成果宣传，受到广泛好评，当地媒体进行了跟踪报道。1 人被评为 2002 年山东省大学生社会实践先进个人。

新生入校后，院团委通过组织大学生活 ABC、学习经验交流会、开学典礼、迎新晚会等系列活动，对新生进行了入学教育，不仅使新生能够顺利地适应大学生活，更使他们加深了对环境专业的信心。

2001 级本科生王哲获校长奖学金。

学校发布《山东大学关于表彰 2003 年度“优秀研究生奖学金”和“研究生科研成果奖学金”获得者的决定》，2001 级硕士研究生王燕获“优秀研究生奖学金”，2001 级硕士研究生刘玉真获“研究生科研成果奖学金”。

学校发布《山东大学关于表彰 2003 年“全面发展标兵”的决定》，2000 级本科生芦婷被评为“全面发展标兵”（全校 20 名）。

学校发布《山东大学 2003 届优秀毕业生名单》，张栋华、李鹏、张劲、王大勇、高宁、卢磊获此殊荣。

2004：领导班子首次换届，信心满满再出发

2004 年 1 月，山东大学中层领导班子换届。16 日，发布中共山东大学党委文件任职通知：高宝玉任环境科学与工程学院院长，刘会杰任学院党委书记。18 日，再次发布任职通知：赵大传任副院长，李小明任副院长，王曙光任副院长，刘春博任党委副书记，张权任党委副书记，宋红明任办公室主任。

李小明，男，汉族，1956 年生。教授、博士生导师。1978.3～1982.1，兰州大学生物系植物学专业，获理学学士学位；1996.4～2002.3，日本静冈大学农学部学习研究，获得日本岐阜大学联合农学研究科农学博士学位。

王曙光，男，1971 年生，山东海阳人。1988.9～1992.7，大连铁道学院工业分析专业，获学士学位；1996.9～1999.7，大连铁道学院环境科学专业，获硕士学位；1999.9～2002.7，中国科学院生态环境研究中心环境工程专业，获博士学位。主要从事水污染控制与治理、土壤微生物修复的基础理论与应用研究。

张权，女，汉族，1968 年生，山东桓台人。1999～2004 年，先后任材料学院辅导员、学校办公室行政科科长；2004 年至今，先后任环境学院党委副书记、人才办副主任、党委教师工作部副部长。

综述

学院党委新的领导班子高度重视党的建设：一是加强理论学习。党委"一班人"每月集中学习一次，主要是组织学习党的十六届四中全会精神，落实学校党委工作部署。通过学习，"一班人"提高了立党为公、执政为民的思想认识。班子成员廉洁勤政、团结创新，带领师生员工圆满完成全年的工作任务。二是加强党支部建设。定期召开支部书记会议，布置任务、明确责任，每个学期保证两次以上的支部生活组织会议，分析教工思想情况，研究组织发展计划，较好地发挥了党支部的战斗堡垒作用。三是加强党员队伍建设。注重党员的思想建设和组织建设，按照学校发展党员的要求，抓教育、抓培养，进行面对面的谈话，严格要求，保证质量，先后发展学生和教工党员57人。党员在教学、科研、学习工作中发挥了较强的先锋模范作用，带动和促进了学院全面建设。

党委"一班人"以发展学科、服务教学科研工作为出发点，团结一致，努力工作。坚持党政联席会议制度，坚持民主集中制原则。进一步建立和完善了各项管理规章制度和岗位津贴发放办法，实行规范化管理。加强了与山东省环境保护局、聊城市环境保护局、菏泽市环境保护局、兖州矿务集团总公司、山东滨化集团有限责任公司、胜利油田等单位的合作，举办了各种形式的不同层次的成人教育和学位班，做好环境影响评价工作，努力开展测试服务工作，增强了自我建设和发展的能力，保证了岗位津贴的足额发放。

师资

在职教工56人，其中教授9人，副教授17人，博士生导师5人，硕士生导师18人。

自2004年4月起，李善评、付凤富被聘任为教授。

2004年，引进具有海外经历和博士学位的青年教师2人。专任教师中具有博士学位和硕士学位的分别为42%和36%，有5名青年教师在职攻读博士学位。教师队伍的学历、年龄和知识结构都得到了明显改善，教师队伍建设大大加强。

2004年9月9日，学校发布《关于公布2004～2006年山东大学专业技术校聘岗位聘任人员名单的通知》，高宝玉、岳钦艳、崔兆杰、付风富、李小明入选。

学科

山东省科技厅批准建立山东省水污染控制工程技术研究中心，高宝玉教授任中心主任。中心围绕水污染控制领域热点技术问题，以关键技术开发为切入点，重点开展医药化工、印染、制革、畜禽养殖等行业污水达标处理和资源化回用关键技术研究。在流域污染物控制和减排领域，重点开展流域脱氮除磷技术、污水污泥原位减量化技术、流域污染控制与生态修复技术研究。此外，还开展水污染控制领域相关政策与标准研究。

教学

为迎接2005年教育部组织的本科教学质量评估，本着以评促建、提高办学质量的指导思想，在教学内容调整、教学计划修订、改进教学管理办法、课堂听课、学生问卷调查、实验教学检查、改变本科生毕业论文答辩办法、开展学生课外活动等方面，做了大量有针对性的工作，取得了明显成效。

建设环境生态实验室和固废资源化实验室，完成实验室建设投资130万元，实验教学中心的条件进一步得到改善。大型分析测试仪器增加到30余台，总价值1381万元。

承担山东省高等学校教学改革试点专业（环境工程）教学研究课题1项，校级环境教育课件制作课题6项，发表教学改革论文5篇。

2004年4月26日，学校发布《关于公布山东大学实验教学改革与实验技术创新优秀论文及成果获奖名单的通知》，赵海霞、赵大传、包南、张成禄完成的《环境工程专业研究生阶段水处理实验研究与开发》获一等奖。

学校发布《关于公布2004年度新增硕士生指导教师名单的通知》，王睿、付凤富入选。

学校发布《关于公布2005年招收培养博士生指导教师人员名单的通知》，2004年度新增列博士生指导教师岳钦艳，2005年高宝玉、李小明、崔兆杰、胡文容续聘为博士生指导老师。

2004年6月11日，与济南水质净化一厂签订了新一轮的《校企联合科研教学实习基地建设协议书》。此外，还与中华全国环保基金会、兖矿集团、济南钢铁集团总公司、聊城环保局、菏泽环保局、青岛环保局、日照环保局等企事业单位签订共建协议，实践教学基地建设得到加强。

学术与科研

2004年4月6日，学校发布《关于公布山东大学学术委员会、学部学术委员会及基层单位学术委员会委员名单的通知》，高宝玉任主任，崔兆杰任副主任，委员有高宝玉、崔兆杰、李小明、高灿柱、岳钦艳、李善评、王文兴、王仁卿、马春元、胡文容、曲久辉。

2004年4月26日，学校发布《关于成立新一届山东大学学位评定委员会和各基层单位学位评定分委员会的通知》，高宝玉任主席，崔兆杰任副主席，委员有高宝玉、崔兆杰、李小明、高灿柱、岳钦艳、李善评、王文兴、王仁卿、马春元。

2004年，学术交流与合作取得了明显的进步。分别从加拿大里贾纳大学(University of Regina)、日本理化研究所、新加坡南洋理工大学和日本山口大学邀请了6名专家学者来学院进行了学术交流，学院有8人次参加了国际交流活动，并初步达成了2项国际合作交流协议和意向。日本山口大学的10余名学生来学院进行了学术交流活动。教师参加国际、国内会议41人次。

成功举办了中国化学会第七届水处理化学大会暨学术研讨会，40 多人次参加了国内学术交流活动。

强化研究生科研工作。为研究生参加学术交流活动提供多种机会，扩大其知识面，提高其把握科学研究前沿的能力。对研究生毕业论文水平提出新的要求，保证了培养质量。

教师申报各级各类研究课题，成效明显。教育部博士点基金 1 项，国家 863 子课题 3 项，国家自然科学基金子课题 2 项，山东省自然科学基金 1 项，山东省青年科学家奖励基金 3 项，国家重点实验室开放基金 1 项，山东省环保局项目多项。纵向实际到位总经费 228.7 万元，横向科技开发实到总经费 463.6 万元。教师平均科研经费达 25.63 万元，排在全校前列。

共发表学术论文 51 篇，被 SCI、EI 收录 16 篇，出版教材、著作 4 部。

获国家和省部级科研成果奖 2 项。胡文容“受污染黄河水源处理工艺及其过滤技术在中水处理中的应用”项目，获教育部科技进步一等奖。高宝玉“无机高分子絮凝剂及高效絮凝技术”项目，获国家科学技术进步二等奖（联合申报）。

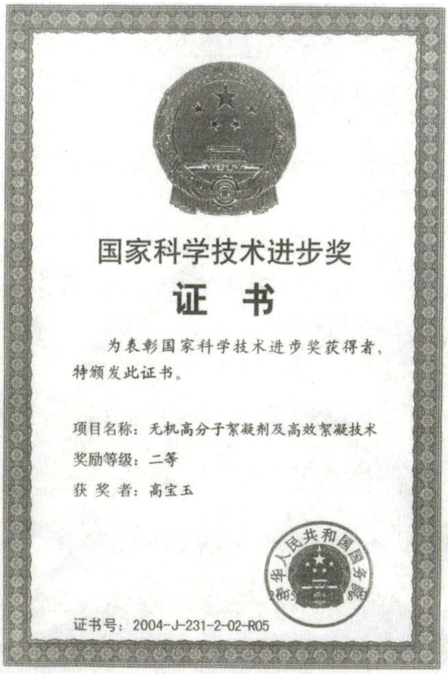
国家科学技术进步奖

证 书

为表彰国家科学技术进步奖获得者，特颁发此证书。

项目名称：无机高分子絮凝剂及高效絮凝技术

奖励等级：二等

获 奖 者：高宝玉

证书号：2004-J-231-2-02-R05

国家科学技术进步奖证书

学生

2004 年招生 165 人，其中本科生 124 人，硕士、博士研究生 41 人。毕业学生 154 人，其中本科生 130 人，研究生 24 人。截至年底，学院有全日制在校本科生 496 人，博士、硕士研究生 116 人。在就业形势压力增大的形势下，本科生一次就业率高达 96%，列全校第 3 位。

山东大学环境科学与工程学院 2004 届硕士研究生毕业合影

[前排左起：高灿柱、赵大传、高宝玉、李凤仙、姜庆利、刘会杰、李小明、岳钦艳、宋红明
二排左起：王曙光、李玉江、苏继新、李善评、霍尔特(Pamela Diane Holt)、冯素萍、张权、赵文强、刘春博]

12 月 28 日上午，首届“曲格平奖学金”颁奖仪式在学院会议室举行，初永宝、袁学良、张媛媛 3 位同学获此殊荣，每人获得奖学金 5000 元，并且还得到了曲格平先生亲笔签名的新作《关注中国生态安全》。曲格平先生于 1992 年获 10 万美元世界环境大奖后，以这笔奖金为基础，成立了中华环境保护基金会，并于 2004 年设立了“曲格平奖学金”，旨在鼓励在环境科技实践、环保教育宣传和环保志愿者活动中取得突出成绩的在校大学生。

学生工作以“三个代表”重要思想为指导，紧紧围绕学校培养目标和工作重心，以拓展学生素质，提升学生竞争力为重点，在做好基础性、常规性工作的同时注重工作创新，力求适应时代特点和形势发展的需要。

在日常工作中，坚持通过党课、主题团会、班会、座谈会、主题征文、演讲、文艺汇演、辅导讲座、图片展览等多种形式加强学生党团建设。成立了各种形式的课外活动小组，同时开展了丰富多彩的社团活动，丰富了学生的社会实践经历。

60 余名师生参加了“献一份力，增添一份绿”的保护母亲河植树活动。环保志愿者协会在山大附中、山大第二附小等中小学展开了“风吟——蓝色天使环保行动”，《齐鲁晚报》对这次活动做了报道。

7 月暑期社会实践活动中，以环境学院学生骨干为主体，生命学院、文学院、化学院学生代表参与的分队赴寿光市参观考察了芦苇湿地、晨鸣集团、三元株村等，收获较多成果，获评山东省大中专社会实践先进服务队。

2003 届本科生刘莉莉的论文《聚合铝与季铵盐复合絮凝剂的形貌及絮凝效果研究》（指导教师：高宝玉），获评山东省优秀学士学位论文。

2005：科研实现新跨越，学科谋求更高台阶

综述

党建方面重点抓了三项工作：一是重点开展保持共产党员先进性教育活动。召开党委扩大会，把思想统一到中央精神和学校党委部署上来。召开党员大会，进行思想发动，做到人员、时间、内容“三落实”。成立宣传组，开设专题网站，按照每个阶段的计划安排，理论联系实际，边整边改，取得了较好的效果。二是结合先进性教育活动，抓好领导班子和党支部建设。认真抓学习、组织生活会、谈心制度的落实，充分发挥党员干部在各自岗位上的先锋模范作用。三是抓好党员的培养发展工作。对列入发展培养的对象，按照党员发展工作细则，严格要求，认真做好每个阶段的工作，年度培养发展 3 名教工预备党员。本年度学院发展党员 55 名，高宝玉被评为 2005 年度山东省高等学校优秀共产党员。

在国家环境保护总局组织的《建设项目环境影响评价资格证书》(甲级)换证考核中，赵大传、李善评、苏继新、殷永泉、杨凌霄、任丽军、岳敏、许春华 8 名教师通过考试，获得全国第一批注册环境影响评价工程师职业资格。

在测试服务工作中，完成了质量认证复审工作，于 2005 年 10 月获得了

《中华人民共和国计量认证合格证书》。建立了大型仪器管理体系及各种规章制度，改造了部分大型仪器，扩大了测试服务的范围。

新建学院实验楼的工作提上重要议事工程，开始规划筹建工作。

师资

在职教工56人，其中教授11人，副教授20人，博士生导师4人，硕士生导师18人。自2005年9月起，刘汝涛被聘为教授。

从国外引进青年教师1人。专任教师队伍中具有博士学位教师的比例达42%，具有博士和硕士学位的教师比例达80%。教师中50岁以下者占87%，学历结构、年龄结构和知识结构都得到了明显的改善。

青年教师成长进步快。王睿入选教育部2005年度新世纪优秀人才支持计划。1人获得博士学位，5人在职攻读博士学位，2人分别赴日本和加拿大从事博士后研究工作，1人获得国家留学基金委留学资助。

从艾奥瓦州立大学(Iowa State University)聘请1名校级讲座教授(学校聘请的第一位讲座教授)，从香港科技大学聘请1名流动岗位教授。

王睿，男，1968年生，辽宁大连人。1986.9～1996.11，大连理工大学获学士、硕士、博士学位；1997.1～1999.5，中国石油大学(北京)博士后。教授，博士生导师。主要从事环境工程领域的三废治理、环境催化新材料、环境化学等方面的研究。

教工百脉泉春游活动

学科

对于2005年国家第十批博士点增列工作，学院上下高度重视，深入动员，精心准备，高标准完成环境科学与工程一级学科博士点和环境科学二级学科博士点的各项申报工作。

学院对以“水”为主线的教研资源进行了系统优化和资源重组并申报省级重点实验室，升级改造后的“环境模拟与污染物控制实验室”被山东省教育厅批准为山东省高校“十五”重点建设实验室。

教学

本科生：由武汉大学、厦门大学、北京大学、清华大学等16所院校专家组成的教育部本科教学工作水平评估专家组于10月22～28日对我校进行了现场评估。环境学科获优秀等级。针对学院本科教学中存在的问题，进行了分专题研讨，修订了两个本科专业的教学计划，以及主要实验课程教学的内容，为进一步提高本科教学质量奠定了基础。在广泛征求学院教师意见的基础上，汲取国内外大学实验室管理经验，制定了《教学实验室使用管理暂行规定》，以及学院大型仪器设备学生培养分析测试收费标准，大型仪器设备的利用率得到提高。

研究生：为进一步提高研究生的培养质量，优化教学内容，拓宽知识和专业领域，对博士研究生和硕士研究生的教学计划进行了重新修订，邀请国内外的专家和教授用英语讲授了2门专业选修课，举办了系列专题讲座。

2005年7月15日，学校发布《2006年招收培养博士生指导教师人员名单》，高宝玉、李小明、崔兆杰、岳钦艳入选。

学术与科研

邀请10余名国内外专家、教授和学者来学院进行交流与合作，举办了20余次学术报告和座谈会，5人参加国际会议，举办了日本山口大学学生与我院学生的学术交流活动，日本山口大学13名学生和我院25名研究生开展了学术交流活动，并到济宁"南四湖"进行了科学考察。

2005年，科研工作实现了新跨越。共承担3项国家"863"课题，4项面上国家自然科学基金，30余项省部级和地市级科研项目，100余项横向科研、科技开发和服务项目。实到科技经费1033万元，其中纵向科研经费351万元，横向科研经费682万元，年增长率为33.2%。专任教师人均科研经费为34.62万元，位居学校前列。

共发表科研文章52篇，被SCI、EI收录12篇。

申请专利25项，出版专著3部。

获省部级科研成果奖1项。崔兆杰"生态工业园与区域循环经济模式及指标体系研究”项目，获国家环境部环境保护科技成果二等奖。

学生

2005年招生152人，其中本科生110人，硕士、博士研究生42人。毕业学生146人，其中本科生120人，研究生26人，本科毕业生一次就业率在90%以上。截至年底，全日制在校本科生486人，硕士、博士研究生128人。

学生工作以实践“三个代表”重要思想为指导，结合专业特点，在思想政治教育、组织建设、科技创新、社会实践、校园文化等方面开展一系列特色活动。创办了网络期刊《绿色风》，让学生及时了解和掌握学院、学科、社会动态，引导青年学生成长成材。组织新老生学习、生活经验交流会。举办了“乐海扬帆”迎新晚会、健康文化周系列活动、“感受山大，感受环院”演讲比赛。环保青年志愿者协会在全校范围内倡议开展了“携手共创节约山大”活动。

2004级博士研究生王燕获得中华环保基金会“曲格平奖学金”。

2004届本科毕业生王晓娜的论文《聚合氯化铝中纳米Al_{13}形态的分离方法研究》（指导教师：高宝玉），获评山东省优秀学士学位论文。

学校发布《山东大学关于表彰2005年本科学生“全面发展标兵”的决定》，2002级本科生陈玉伟获此殊荣（全校20人）。

学校发布《山东大学关于表彰2005届优秀毕业生的决定》，本科生郭宏、龙兴、曹百川、季鹏飞、王晓晨，研究生张子健、隗娜获此殊荣。

2006：一级学科博士点降临，人心振奋

综述

进一步加强党政班子思想建设、组织建设和作风建设，党政班子建设在团结、敬业、务实、创新、廉政等方面得到加强。制定了五项学习工作制度，即学习日制度、廉政思想汇报制度、党委成员参加党支部生活会制度、民主监督制度、党政联席会议议事和决策制度。结合师生员工思想实际，深入学习十六大五中全会文件精神，贯彻学校十二次党代会精神。本年度学院发展党员56人。本科生第二党支部被评为“山东大学先进党支部”，高宝玉被评为“山东大学优秀共产党员”。

根据学校党委关于思想政治教育工作的要求，结合学院实际，突出了三个方面的教育内容：一是中共十六届六中全会文件的学习；二是在巩固共产党员先进性教育成果的基础上，组织全院教工及时学习有关文件，抓好形势政策教育；三是高等教育法和师德教育。由于教育针对性强，工作细致，经常性的思想教育工作取得明显成效。

拓宽了共建渠道，积极开展为地方服务的活动。在清洁生产的运用和推广方面，为地方企业增加经济效益4300多万元，不仅产生了经济效益，而且产生了良好的社会效益。

学院与中华环保基金会签订协议，设立“曲格平奖学金”
［左起：王曙光、张善评、高宝玉、曲格平、刘会杰、基金会工作人员、张权］

师资

在职教工 56 人，其中教授 11 人，副教授 20 人，博士生导师 6 人，硕士生导师 19 人。高宝玉被评为享受国务院特殊津贴专家。

专任教师队伍中具有博士学位的教师比例已达 47%，具有博士和硕士学位的教师比例已达 80%以上，50 岁以下教师占 88%。教师队伍的学历结构、年龄结构和知识结构进一步改善。

坚持引进和培养并举的人才战略，人才工程建设取得明显成效。青年教师刘汝涛入选教育部 2006 年度新世纪优秀人才支持计划。同济大学应届博士毕业生黄理辉入职，2 名青年教师获得博士学位，6 名在职攻读博士学位，2 名赴国外攻读博士后和合作研究，1 名获得国家留学基金委的留学资助名额。

向学校申报了 5 名硕士和博士研究生合作导师，扩大了兼职教师队伍。

聘请艾奥瓦州立大学顾若川为校级讲座教授到学院工作 5 个多月，他在教学、科研和研究生培养等方面做了大量的工作，受到师生的一致好评。

刘汝涛，男，1972 年 1 月生，山东沂水人。1992.9～1996.6，曲阜师范大学化学系，获理学学士学位；1996.9～1999.6，山东大学环境工程系，获理学硕士学位；1999.9～2002.6，山东大学化学与化工学院，获理学博士学位。2002 年 6 月赴美国耶希瓦大学（Yeshiva University）爱因斯坦医学院生理与生物物理系做博士后，师从国际著名生物物理学家马克·钱斯（Mark R.Chance）教授。2005 年 9 月作为高层次优秀人才引入学院。

学科

2006 年 1 月 25 日，教育部发布《关于下达第十批学位授权学科专业名单的通知》（学位〔2006〕3 号），山东大学环境科学与工程学科获得一级学科博士学位授权，环境科学学科获二级学科博士学位授权。至此，形成了本、硕、博完整的人才培养体系，标志着学科建设又迈上一个新台阶。

11 月，环境工程被山东省教育厅认定为山东省重点学科和特色专业。

在山东省“十一五”省级重点建设实验室申报评审中，环境模拟与污染控制实验室获得批准，学院再添一个省级重点建设实验室平台。

教学

本科生：(1)2006 年 6 月，高宝玉担任教育部高等学校环境工程专业教学指导分委员会委员；(2)根据教育部本科教学评估中发现的问题进行了整改。修订了两个本科专业的教学计划，以及主要实验课程教学的实验内容；(3)对本科生毕业论文选题、评分标准以及答辩程序等内容专题研讨；(4)修订了教学实验室使用管理办法，明确了大型仪器设备学生培养分析测试收费标准；(5)承担的 5 项实验教学软件建设项目和 2 项教学实验室建设项目顺利通过学校组织的验收并获得较高评价；(6)组织申报山东大学教学研究项目，获得 1 项；(7)包南入选山东大学第三届教学能手。

研究生：为了进一步提高研究生的培养质量，优化教学内容，拓宽知识和专业领域，对博士研究生和硕士研究生的教学计划进行了重新修订。邀请国内外的专家和教授用英语讲授了2门专业选修课。2名博士生参加“2006年海峡两岸三地化工类博士生学术论坛”。1名博士生获优秀论文奖。协办“鲁港”两地青年才俊学术论坛，多名博士生及硕士生在论坛上作了报告。高宝玉教授选出一名博士研究生赴新加坡南洋理工大学进行联合培养。

学校发布《2006年增列博士生指导教师人员名单》，刘汝涛入选，2007年招收培养博士生的博士生指导教师人员为高宝玉、崔兆杰、岳钦艳、李小明、王睿。

《2006年新增硕士研究生指导教师名单》，张建、王曙光、周维芝、张斌入选。

学术与科研

与日本山口大学、学校国际合作处联合举办了第二届“东亚可持续发展环境问题国际（中日韩）研讨会”。

美国艾奥瓦州立大学（Lowa State University）顾若川教授作为校聘讲座教授，5～8月和9～11月到学院进行学术交流和合作研究工作。6～7月，美国麦克尼斯州立大学（McNesse State University）东维锦助理教授作为流动岗位特聘教师在学院进行合作教学和研究工作，为研究生、本科生举行专题讲座10场次。7月，美国史蒂文斯理工学院（Stevens Institute of Technology）景传勇博士作为流动岗位特聘教师在学院进行合作教学和研究工作。美国南伊利诺伊大学（Southern Illinois University）舒乐（L.J.Schuler）博士来学院进行短期学术访问，同时作了学术报告。美国史蒂文斯理工学院技术学院孟晓光教授、加拿大阿尔伯塔大学朱志伟教授等来学院作学术报告5次。与日本胁坂宣尚教授合作在“南四湖”考察、样品采集2次（7月、11月）。学院有10余名师生参加了国际学术会议。

崔兆杰自2006年8月起兼任山东省发展循环经济专家委员会副秘书长。

获得“十一五”国家科技支撑计划重点课题2项：张建教授作为课题负责

人的“南水北调东线南四湖生态恢复与综合整治技术与示范”项目，获得 2150 万元经费资助。高宝玉作为课题负责人（栾兆坤、高宝玉）之一的“小城镇饮用水处理药剂与材料研制”项目，获得 400 万元经费支持。

周维芝副教授申报的探索导向类课题获国家“863”计划 100 万元资助。

申请到 2 项面上国家自然科学基金、40 余项省部级和地市级科研项目、100 余项横向科研和科技开发服务项目。实到科研经费 1630 万元，其中纵向科研经费 671 万元，横向科研经费 959 万元，年增长率为 43.6%。科研经费总量和专任教师人均科研经费（46.15 万元/人）位居学校前列。

教师共发表论文 72 篇，其中被 SCI、EI 收录 21 篇。

申请专利 25 项，授权专利 21 项，出版著作 3 部。

获省部级科研成果奖 2 项。高宝玉“高效多功能无机—有机复合水处理剂的研制及开发”项目，获山东省科学技术进步二等奖。高宝玉、岳钦艳、王炳建、于慧、王艳“新型混凝剂聚合硅铝铁的基础及应用性能研究”项目，获山东省科技进步三等奖。

在环境影响评价工作方面，对环评文件实行双审核人制，执行山东省环境保护局环评文件“一版制”要求，保证了环评文件的质量。首次聘用校外专家担任审核人，取得了较好的效果。3 人通过了环境影响评价工程师资格考试。

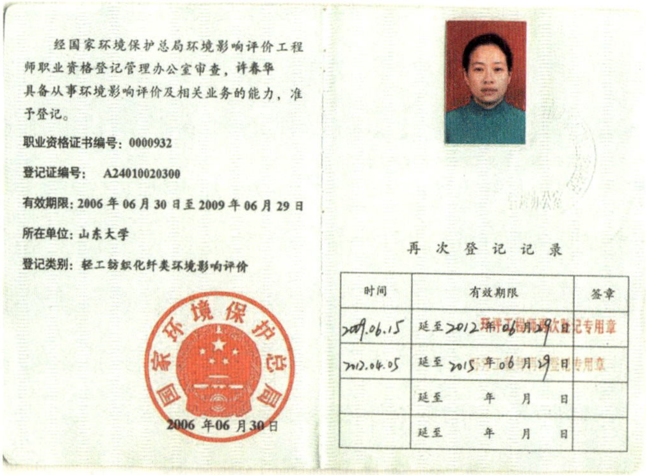

学院教师获得首批环境影响评价工程师职业资格证

在测试服务工作中，完成了质量认证的复审工作，获得了山东省技术监督局颁发的“中华人民共和国计量认证合格证书”。建立了大型仪器管理体系及各种规章制度，改造了部分大型仪器，扩大了测试服务的范围。

学生

2006年招生143人，其中本科生96人，硕士、博士研究生47人。毕业学生147人，其中本科生118人，研究生29人。本科生一次就业率达91%，研究生为100%。截至年底，学院有全日制在校本科生476人，硕士、博士研究生136人。

山东大学环境科学与工程学院2006届研究生毕业照

加强学生党建工作，提高凝聚力和战斗力。要求学生党员坚守“六个一”承诺，即“树立一面旗帜、奉献一颗爱心、坚守一块阵地、勇挑一副重担、发扬一种风范、胸怀一腔热忱”。培养学生干部优良的工作作风，树立为学生服务的思想。增加管理学生事务的透明度，提高工作效率和管理水平。开展“走进新生宿舍”、开通生活热线、新老生经验交流会等系列活动，帮助新生树立正确的专业思想和理想信念。

以学生环保青年志愿者协会为载体，开展丰富多彩的暑期社会实践活动。组织了“携手共创节约山大”活动，协调各校区开展一系列宣传活动，如环保影片《地球报告》展播。主办了驻济高校环保联盟第二届交流会，济南大学生环保社团联盟不断完善壮大。环保协会与济南燕山小学、洪家楼小学携手开展“同在蓝天下，共建绿色家园”的宣教活动。组织学生团队赴济宁、德州、微山湖等地开展“心系母亲河，情注新农村”京杭运河山东段的考察活动。

组织2004级、2005级学生参加“第五届挑战杯”创业设计大赛，5个团队参赛，4个团队进入校级复赛，3个团队获校级二等奖，1个团队获校级一等奖。

2004级本科生李婷婷、翟冰和2004级博士研究生王燕获“校长奖学金”。

2005届本科毕业生谢晴的论文《水处理TiO_2纳米晶的水热/溶剂热合成及其表征》获评山东省优秀学士学位论文（指导教师：包南）。

2004级博士研究生王燕获上海同济大学高廷耀环保科技发展基金会“青年博士杰出人才奖学金”。王燕的论文《高效多功能无机—有机复合水处理剂的研究和开发》，获山东省首届研究生优秀科技创新成果一等奖。

2005级博士研究生李倩获得2005～2006年度中华环境保护基金会“曲格平奖学金”。

学校发布《关于表彰2006届优秀毕业生的决定》，本科生许宏宇、滕立臻、朱明波、金凯凯、安百会、柏庆俊，研究生张栋华、吴娟获此殊荣。

李倩获“曲格平奖学金”

2007：再添博士后流动站，学科平台更完善

综述

一是以学习、宣传、贯彻党的十七大精神为抓手，强化党的理论建设。在党政班子、师生员工中开展学习座谈活动。深入理解和贯彻科学发展观思想内涵，明确在改革发展关键阶段举什么旗、走什么路，以什么样的精神状态、朝着什么样的发展目标努力奋斗。把学习党的十七大精神与做好教学科研工作结合起来，把师生员工的思想统一到党的十七大精神上来。二是抓好党政班子和党支部建设。在党委“一班人”的思想、组织和作风建设方面，认真落实五项学习工作制度。对党支部书记进行了一个月的培训，增强了党支部的战斗堡垒作用。三是抓好党的教育和培养发展工作。针对党员的思想和工作实际，做好党员的思想教育工作。对列入发展培养的教工和学生党员，指定专人负责，按照党员发展的工作细则严格要求，认真做好每个阶段的工作。本年度学院发展党员 58 名。

11 月，学校启动中层领导班子换届。12 月 24 日，学校党委发布任职通知，高宝玉任院长，赵永新任党委书记，党政班子其他成员要等来年到位。

赵永新，男，1966 年生，山东莱芜人。1987 年 7 月从山东大学数学系毕业

后留校工作，先后从事学生管理、教务、招生工作；1998.5～2007.12任数学与系统科学学院党委副书记。

师资

在职教工56人，其中教授11人，副教授20人，博士生导师12人（含兼职5人），硕士生导师19人。专任教师中具有博士学位的教师比例达60%。自2007年9月起，王艳被聘为教授。教育部新世纪优秀人才2人。

高宝玉被评为2007年度山东省有突出贡献的中青年专家，同时也被评为2007年度山东大学优秀教师。

2007年，3名外校、1名本校博士毕业生入职。1名青年教师在日本东京农业大学完成博士后研究工作后回到学院，2名青年教师赴国外从事博士后研究工作。现有教师中，2名青年教师获得博士学位，6名在职攻读博士学位。

学科

学科建设取得新成绩。人事部、全国博士后管委会批准“山东大学环境科学与工程一级学科博士后科研流动站”。这是继2003年申报成功环境工程二级学科博士点、2005年申报成功环境科学与工程一级学科博士点后取得的又一项突出成果。

学院作为协作单位与山东滨州嘉源环保有限责任公司申报的“山东省水处理化学品工程技术研究中心”获山东省科技厅批准。

山东大学环境科学与工程学院是全国最先开展清洁生产业务的单位，为清洁生产在全国的推广作出了积极的贡献。2007年山东省清洁生产中心（山东大学业务部）成立。第一批清洁生产审核师有崔兆杰教授、苏继新教授、高灿柱教授、殷永泉教授等。

教学

本科生：学院领导参加本科生公开课 13 次，针对教学中存在的问题进行了分专题研讨，制定了改进措施。两个本科专业教学计划调整后，开设了新的选修课程以及实验课，如“环境生物技术”、“大气污染源解析”、“环境工程概预算”等。获得山东大学实验室和设备管理处实验教学软件建设项目 4 项。推选教师刘汝涛申报霍英东教学成果奖。

研究生：为了优化教学内容，聘请国内外的专家和教授用英语为研究生讲授 3 门专业选修课，举办系列学术专题讲座。在校研究生的培养质量不断提高，越来越多的研究生能够发表高水平的 SCI 论文。完成在职申请硕士学位研究生教育的自评估，工程硕士研究生报名人数大幅度提高，录取人数有望持续增加。

2007 年 6 月 29 日，学校发布《关于公布 2008 年招收培养博士生指导教师人员名单的通知》，高宝玉、李小明、岳钦艳、刘汝涛、王睿、崔兆杰、张建入选，胡文容、顾若川、张波、王韬、江桂斌被聘为兼职博导。

学术与科研

协助山东省环保局承办了“重大输水工程调蓄湖泊水质安全保障学术研讨会”，30 余名国内外知名学者到会作学术报告。5 月，邀请宾夕法尼亚州立大学（The Pennsylvania State University）解跃峰教授来学院作“饮用水处理工程”讲座。6 月，聘请美国艾奥瓦州立大学宋士武教授作为学院流动岗位特聘教师，为本科生讲授水处理技术课程 2 周，学术讲座 3 次。6 月，邀请新加坡南洋理工大学孙德来教授作学术报告，商讨合作培养博士研究生工作。

7 月，邀请美国史蒂文斯理工学院孟晓光教授作为学院“引智项目”专家进行学术讲座。7 月，邀请美国南伊利诺伊大学周健鹏教授作水处理工程方面的讲座。9 月，邀请澳大利亚詹姆斯·库克大学（James Cook University）工程学院杰格希森（V. Jegatheeson）教授举办“水质模型”专题讲座。

高宝玉自 2007 年起担任国际水质协会（IWA）化学工业专题组管理委员会委员、《精细化工》编辑委员会编委、《环境工程学报》编辑委员会编委。

2007 年，学院科研工作取得新的进展，特别是在承担国家级重大、重点项目方面，实现了新飞跃。承担的国家“十一五”科技支撑计划重点项目“南水北调东线南四湖生态恢复与综合整治技术开发”完成科技部组织的年度考核。与山东省环境保护局合作，组织完成了国家“十一五”重大水科技专项的申请立项工作，项目建议书通过论证，将于 2008 年初启动。

获 2 项国家自然科学基金面上项目、50 余项省部级和地市级科研项目、100 余项横向科研和科技开发与服务项目。各类项目实到经费 2063.58 万元，其中纵向科研经费 853.78 万元，横向科研经费 1209.8 万元，列全校院所单位第 6 名。各类项目人均实到经费 38.2 万元，列全校院所单位第 2 名（第 1 名是晶体材料所）。实到科研经费总计 1930 万元。

共发表论文 81 篇，其中被 SCI、EI 和 ISTP 收录 39 篇，列全校院所单位第 16 名。

申请专利 60 项，授权专利 65 项，皆列全校院所单位第一名。

胡勇有、高宝玉的专著《微生物絮凝剂》，于 2007 年 1 月由化学工业出版社出版。

高宝玉 2007 年取得注册环保工程师资格。

省部级科技成果奖励 4 项。高宝玉“水和废水处理用混凝剂/絮凝剂的特性及应用基础研究”项目，获山东省自然科学三等奖。崔兆杰“济南市大气环境中 PAHs、PCBs 污染来源解析及数值预报技术研究”项目，获山东省科技进步三等奖。高宝玉“山东省环境容量及主要污染物排放总量控制研究”项目，获山东省科技进步三等奖。王艳“区域环境价值核算方法与指标体系研究”项目，获山东省科技进步三等奖。

在环境评价方面，规范和落实了环评文件控制程序和盖章制度，理顺了环境评价管理。3 名教师通过了环境评价工程师考试。在环评业务量大增的情况下，管理和服务没有出现问题。在环境评价、清洁生产审核、生态规划、工程设计、项目合作、服务地方等方面均有扩展，参与开发人员的范围继续扩大，开发潜力有所提高。

崔兆杰，男，1963 年 11 月生。1996 年 7 月中国科学院兰州化学物理研究所分析化学专业博士研究生毕业。2001 年 9 月任山东大学环境科学与工程学院教授、博士生导师，环境科学研究所所长。2006 年 8 月担任山东省循环经济促进会副秘书长。主要研究领域为环境规划与管理、清洁生产与循环经济、工业和区域污染协同控制技术以及环境监测与分析。

崔兆杰教授

王艳，女，1968 年 1 月出生，教授，博士生导师。1993 年 7 月研究生毕业于山东大学化学系后留校工作，2006 年获得中国海洋大学环境工程专业博士学位。从事降水和云雾化学、大气气溶胶、持久性污染物的环境化学研究。在自由对流层大气污染物的输送和时空分布特征、云雾水的酸化机制、POPs在云雾水中的累积以及大气汞的云雾过程的迁移转化方面取得了重要突破。

王艳教授

学生

2007年招生144人，其中本科生96人，硕士、博士研究生48人。毕业生145人，其中本科生109人，研究生36人，本科生一次就业率高达92%。截至年底，学院有全日制在校本科生416人，硕士、博士研究生156人。

承办“科学畅想曲”系列讲座、“保护环境，我们在行动”第83期小树林文化论坛、第十四届校园文化节校园情景剧大赛，皆取得成功。

以2006级学生为主体的辩论队，参加“山大杯”辩论赛，进入八强，两名学生获得了“最佳辩手”称号。

清泉环保协会发起了“和谐校园，和谐环境”手工制作系列比赛，共收到山东大学4个校区及山东财经大学、济南大学的共计30多件参赛作品，并公开进行作品展示评比。清泉环保协会策划并发起的“心随车动，与水共舞”大型环保公益宣传活动，吸引了山东经济学院、山东财政学院、山东建筑大学和济南大学4所高校的学生会组织参加，清泉环保协会被评为2007年度山东大学优秀学生社团。

“扬帆青岛——感受绿色奥运”暑期社会实践队在济南、青岛两地通过绿色奥运宣传、横幅签名、问卷调查、座谈、参观等活动，将绿色奥运的理念带入社会民众当中，团队的实践活动被《中国青年报》《济南日报》、新浪网、青岛电视台等多家媒体报道。“蜀风遗韵——淄博三峡移民民生访谈与齐鲁巴蜀文化融合状况调查”实践团队赴山东淄博进行专题调研，通过“民生访谈”“与童同乐”等活动，真实体验了三峡移民的生存状态，撰写了3万余字的调研报告，报送山东省三峡移民办公室。以上两个团队均获得校级优秀实践团队。

2005级本科生孟凡琳、2005级博士研究生李倩获校长奖学金。

2004级硕士研究生刘贤伟和2005级博士研究生李倩获2007年度第一届奥加诺奖学金三等奖。

学校发布《关于表彰2007年本科学生“全面发展标兵”的决定》，2004级本科生李超获此殊荣（全校30名）。

李倩获评山东大学2007年度优秀研究生标兵。

学校发布《关于表彰2007届优秀毕业生的决定》，张永强、曾琴文、姚雅伟、侯艳玲、聂玮、毕研俊、张玉玲、李小彩获此殊荣。

2008：不平凡的岁月，不平凡的环境人

综述

2008年1月21日，学校党委发布干部任职通知，王曙光、张建、刘汝涛任副院长，张权任党委副书记，宋红明任办公室主任。

学院党委完成换届工作，选举产生了新一届党委委员。6月10日，中共山东大学委员会批复：中共山东大学环境科学与工程学院委员会由王曙光、刘汝涛、宋红明、张权、赵文强、赵永新、高宝玉7名同志组成（以姓氏笔画为序），赵永新任书记，张权任副书记。

新的领导班子成立后，以教学科研为抓手，高度重视人才队伍建设，充分调动广大教职工的积极性，学院全面建设出现新势头。特别是在支援“汶川抗震救灾”工作中，领导班子成员以身示范，多次组织师生员工、党员、工会会员为灾区捐款，捐款达8万多元。

在维护第29届北京奥运会安全稳定工作中，鼓励学生参加奥运会志愿者服务活动。落实工作责任，支部的堡垒作用和党员的模范作用充分显现，表现出“环境人”高度的政治责任感和良好的精神风貌。

环境工程研究所党支部被评为“2006～2007年度山东大学先进基层党组

织”，刘汝涛教授被评为“2006～2007年度山东大学优秀共产党员”，张权被评为“2006～2007年度山东大学优秀党务工作者”。本年度学院发展党员62人。

5月，张建获山东省第十二届青年五四奖章。

张建，男，1976年生，山东临沂人。民盟中央委员，山东省政协委员，教授，博导。1993.9～1997.7，青岛理工大学环境工程系在读，获学士学位；1997.9～2000.7，青岛理工大学环境工程系在读，获硕士学位；2000.9～2003.7，清华大学环境科学与工程系在读，获博士学位。2003.7～2008.1，山东大学环境科学与工程学院讲师、副教授、教授。主要研究方向为生物与生态环境净化技术。

学院新一届领导班子

[左起：赵文强、张权、王曙光、高宝玉、赵永新、刘汝涛、张建、宋红明]

师资

在职教工58人，其中教授12人，副教授21人，博士生导师9人，硕士生导师20人。王曙光晋升为教授。专任教师中具有博士学位教师的比例已达80%，具有博士和硕士学位的教师比例在90%以上。教育部新世纪优秀人才

2 人。

高宝玉入选第九批济南专业技术拔尖人才。

积极落实“山东大学人才年计划”，初步制定青年教师“三种经历”计划，不断改善教师队伍的学历结构和知识结构。举办了青年教师“环境科学未来之星”系列学术讲座，对“70 后”青年教师的发展进行了全面检查和指导。选派 2 名青年骨干教师到美国加州大学圣地亚哥分校(University of California, San Diego)学习。2 名青年教师赴国外进行合作研究。新加坡国立大学环境工程专业毕业的梁爽博士入职。1 名大连理工大学博士毕业生和 1 名本校毕业的博士生入职。4 名青年教师在职攻读博士学位。

聘请 3 人为兼职教授，充实兼职教师队伍，扩大学院影响。

学科

经山东省科技厅批准，学院作为协作单位与山东滨州嘉源环保有限责任公司申报的山东省水处理化学品工程技术研究中心成立。

经山东省科技厅和山东省财政厅批准，山东省水环境污染控制与资源化重点实验室成立。实验室立足国家建设“资源节约型、环境友好型社会”的重大战略需求，瞄准当今世界科学技术发展前沿，谋求在水污染防治与资源化技术、环境生物修复理论与技术、环境经济与清洁生产技术等领域取得重大突破，在国内形成科研优势和学科特色。

教学

本科生：进一步完善了主要实验课程、实验内容和教学体系。组织申报了环境工程国家级特色专业和山东省特色专业。建立了学院实验教学示范中心网站。组织申报了山东省实验教学示范中心。《环境毒理学》获批校级精品课程。承担教学研究项目 12 项。李玉江被评为山东大学第四届教学能手。

在四年一度的本科教学评审活动中取得了突破性的好成绩，获2008年山东大学教学成果奖一等奖和二等奖各两项。学院首次获得一等奖的两个项目分别是："环境工程专业《水处理工程》课程建设与教学实践"（完成人：包南、高宝玉、赵海霞、赵大传和王曙光）和"环境学科《固体废物处理处置与资源化》立体化课程体系建设"（完成人：岳钦艳、于慧和岳敏）。此外，"SBR实验装置"被学校选送参加了2008年首届高校自制教学仪器设备成果展并荣获成果奖（完成人：赵海霞、包南、张成禄）。

2008年6月26日，学校发布《山东大学2009年招收培养博士生指导教师名单》，岳钦艳、高宝玉、崔兆杰、刘汝涛、王睿、李小明、张建入选，张波、胡文容也兼职入列。

学术与科研

学校发布《关于公布山东大学新一届学术委员会、学术纪律检查委员会、学部学术委员会及基层单位学术委员会委员名单的通知》，高宝玉任主任，李小明任副主任，委员有高宝玉、李小明、王睿、刘汝涛、张建、岳钦艳、崔兆杰、王仁卿、张庆竹、胡洪营、俞汉青。

学校发布《关于公布山东大学新一届学校学位评定委员会、学部学位评定分委员会、基层单位学位评定分委员会委员名单的通知》，高宝玉任主席，李小明任副主席，委员有高宝玉、李小明、王睿、刘汝涛、张建、岳钦艳、崔兆杰、王仁卿、张庆竹。

2008年，多次邀请美国、加拿大、新加坡等国内外知名专家到学院讲学、交流与合作，取得了良好的效果。完成的项目有流动岗位特聘教授3人、短期讲座教授6人。

崔兆杰自2008年11月起兼任中国环境保护产业协会循环经济专业委员会专家。

获国家自然科学基金面上项目3项、国家“973”专项课题1项、教育部科技创新工程重大培育项目1项、霍英东教育基金会高等院校青年教师基金项目1项、省部级和地市级科研项目50余项、横向科研和科技开发和服务项目130余项。实到科技经费为1959.7万元，其中纵向科研经费907万元，横向科研经费1052.7万元，专任教师人均科研经费位列学校前茅。

教师发表高水平学术论文的数量有较大进步，共发表论文101篇，其中22篇被SCI收录，18篇被EI收录，1篇被ISTP收录，11篇被MEDLINE收录。

申请专利31项，授权专利42项，出版著作4部。

获得省部级科学奖励4项。崔兆杰“区域循环经济园区模式及指标体系研究”项目，获环保部环境保护科学技术成果二等奖。崔兆杰“山东省清洁生产信息系统研究与建立”项目，获山东省科技进步二等奖。高宝玉“硅酸根/硫酸根对部分水解铝盐混凝剂中铝的形态及性能影响研究”项目，获山东省科技进步二等奖。高宝玉“崂山生态及保护研究”项目，获山东省科技进步二等奖。

学生

2008年招生143人，其中本科生95人，硕士、博士研究生58人。毕业学生145人，其中本科生106人，研究生39人。本科生一次就业率高达96%，研究生就业率达88%。截至年底，学院有全日制在校本科生421人，硕士、博士研究生165人。

在学生教育方面，利用纪念改革开放30周年、北京奥运会举办、共青团十六大召开等契机，以基层团组织活动立项为抓手，组织了“改革开放三十年，风雨无阻环保路”“奥运火炬，薪火相传”“抗震救灾，奉献爱心”等系列主题教育活动。

获2008年度大学生创新性实验计划国家级项目1个、校级项目2个。

在第六届“挑战杯”创业计划竞赛中，获得省级一等奖 1 人，校级二等奖 1 人，校级三等奖 5 人。

在寒假社会实践报告评比中，获得一等奖 1 人，二等奖 2 人，三等奖 3 人。在暑期社会实践活动中，共组建 13 个团队。分赴各地进行社会调查、专题调研活动。受到齐鲁电视台、《齐鲁周刊》、《齐鲁晚报》、《济南时报》、新浪网等多家媒体的关注，在社会上引起了较大的反响。

在奥运会志愿者服务实践活动中，2 名同学成为 2008 年北京奥运会志愿者，并获“省级优秀志愿者”称号。清泉环保协会被评为 2008 年山东大学青年志愿服务十佳志愿服务队和山东大学十大精品社团。

2005 级本科生孟凡琳同学获本年度“宝钢优秀学生特等奖”。

1 名硕士研究生获得山东大学 2008 年度校长奖学金，1 名硕士研究生获得中国科学院的“奥加诺奖学金”三等奖。

博士生王燕的论文《高效多功能无机—有机复合水处理剂的研究》，获得山东大学优秀博士学位论文，硕士生刘贤伟的论文《好氧颗粒污泥的培养及其在工业废水处理中的应用研究》，先后获得山东大学优秀硕士学位论文和山东省优秀硕士学位论文。

2005 级博士研究生李倩获 2008 届山东大学优秀毕业生和山东省优秀毕业生。

2009：师资队伍在壮大，科研成果创佳绩

综述

认真贯彻落实《中共山东大学委员会2009年工作要点》《山东大学2009年学术与行政工作要点》《山东大学学术振兴行动计划》《山东大学“十一五”事业发展规划》工作要求，积极推进教师队伍建设、学科发展、人才培养、科学研究和服务社会等各项工作。以学科建设为龙头，以省部级重点实验室申报为契机，谋求事业发展新突破。

3～8月，按照学校党委的要求，开展了科学发展观学习活动。在整个学习活动中，紧紧围绕“办什么样的大学，怎样办好大学”“培养什么人，怎样培养人”两个根本问题，组织了多次学习讨论，加深了对“山大特色，中国一流，世界水平”新的办学目标的认识。结合学院实际，明确了“更新理念，科学发展，凝练特色，争创一流”的指导思想，完成了学习调研、分析检查和整改落实三个阶段的工作，收到较好的效果。

针对办学空间严重不足的问题，制定了办公、实验室修缮计划和新的实验室分配方案，积极争取学校的支持。把有限的资金最大限度地用于教学科研服务。大力筹备教职工的岗位津贴，努力解决教工的福利问题，为教学科

研排忧解难。

师资

在职教工61人，其中教授12人，副教授21人，博士生导师9人，硕士生导师20人。李玉江、洪静兰晋升为教授。高宝玉被聘为山东大学二级岗位教授。

成功申报长江学者讲座教授1人和学校“985”骨干教师1人。

在学院教学、科研和办公用房十分紧张的情况下，克服重重困难，从国内外高校和科研院所引进4名具有博士学位的青年教师。2名青年教师在职攻读博士学位。专任教师中具有博士学位的教师比例达82%。青年教师的培养和引进，大大改善了教师队伍的学历、年龄和知识结构，为人才培养、教学和科研工作的开展，为学科的发展奠定了坚实的基础。

博士后流动站在站博士后17人，已成为学院科学研究的一支有生力量。

学科

开展了“985”工程三期建设项目申报工作。依托承担的国家重大科技专项课题，提交了“大型输水工程水环境安全保障”教育部重点实验室和环境工程二级重点学科项目建设计划书。

经山东省科技厅批准，山东省中美环境与健康技术合作研究中心成立。

教学

本科生：在精品课程建设、专业建设、教学研究和教学改革等方面开展了大量工作，取得了新的成果。“环境毒理学”获学院第一门省级精品课程。11月，环境科学被评为山东省高等学校品牌专业。本年度承担教学研究项目

10 项。

研究生：制定了新的全日制环境工程专业学位硕士研究生培养方案。获得山东省研究生教育创新计划资助项目 1 项。2009 年度，新增博士生指导教师 2 人，全部为 35 岁左右的年轻教师。新增博士生合作指导教师 5 人。高宝玉教授获“山东大学优秀硕士学位论文指导教师”荣誉称号。2009 年 11 月，学院提交的《水质安全与污水资源化实验平台建设与教学实践》申报材料获山东大学首届研究生教育教学成果二等奖（完成人：包南、王曙光、赵海霞和高宝玉）。

张建教授第一个博士生吴娟的答辩现场

左起：高宝玉、吴娟、张建

学术与科研

与山东省环保厅和山东省外办合作，在山大举行了全国学术研讨会和中日国际学术交流研讨会。国外学者 10 余人次以流动岗位特聘教师或短期访问学者的身份来学院讲学、交流。有 20 多人次在国内或赴境外参加国际学术会议，10多人次作会议报告。与澳大利亚詹姆斯·库克大学联合申报2009年度中国与澳大利亚科技合作特别资金项目1项。韩国昌原大学、日本熊本大学、日本山口大学、加拿大里贾纳大学、澳大利亚阿德莱德大学（University of Adelaide）等代表团先后来学院访问交流。与韩国昌原大学环境技术中心签署了合作备忘录。

高宝玉自2009年起担任中国环境科学学会理事；自2009年1月起担任《山东大学学报（理学版）》编辑委员会常务委员和委员；自2009年6月起担任全国工程硕士专业学位教育指导委员会环境工程领域工程硕士教育协作组副组长（2009.6～2019.12）。

崔兆杰自2009年8月起兼任中国生态经济学会工业生态经济与技术专业委员会常务理事。

以技术牵头单位主持了国家水重大专项项目级重点课题"南水北调东线南四湖输水水质保障技术与示范"，以项目参与单位参加了"黄河下游地区饮用水安全保障技术研究与综合示范"项目，这两个项目将被连续资助至"十三五"末。

获国家"863"计划重点课题子课题2项，国家自然科学基金面上项目3项，国家"十一五"水污染控制与治理重大专项子课题5项，以及省部级和地市级科研项目40余项，横向科研和科技开发与服务项目110余项。实到科技经费1510.6万元，其中纵向科研经费510.2万元，横向科研经费1000.4万元。

教师发表论文120篇，其中SCI收录28篇，EI收录23篇，ISTP收录2篇。

申请专利72项，授权专利22项，出版著作3部。

获得省部级科学奖励5项。高宝玉"新型高分子絮凝剂、性能及其在水和废水中的应用"项目，获教育部技术发明一等奖。崔兆杰"构建区域循环经济与生态工业园模式的技术方法及示范推广"项目，获山东省科技进步一等奖。裴海燕"南四湖藻类种群构成特征及其水华预防控制技术"项目，获山东省科技进步一等奖。崔兆杰"氧化铝多管道溶出新技术及工艺再造研究”项目，获环保部环境保护科学技术成果二等奖。高宝玉“纳米聚合铝盐无机高分子混凝剂的研究”项目，获山东省科技进步三等奖。

高宝玉教授

高宝玉荣获“第六届山东省优秀科技工作者”称号。

2009年度，在环境评价，清洁生产审核，服务地方等方面均有扩展，参与开发人员的范围继续扩大，开发潜力有所提高。在环境影响评价方面，增加了1个评价类别，环评管理和服务质量得到提升。

学生

2009年招生155人，其中本科生90人，硕士、博士研究生65人。毕业生145人，其中本科生98人，研究生47人。本科生就业率高达95%，研究生就业率近97.3%。截至年底，本院有全日制在校本科生413人，硕士、博士研究生185人。

山东大学环境科学与工程学院 2009 届硕士研究生毕业合影

学院被评为山东大学“基层就业先进组织单位”。

学生社会实践活动成果丰富。在“挑战杯”、国家大学生创新性实验计划等创新性活动中，荣获省级和校级奖励 6 项。结合专业开展环保进小学、节能减排进社区、环保下乡等特色活动。举行了世界水日济南泉城广场大型宣传活动，在济南市历城区小学举行“明责任，献爱心”毕业生党员世界环境日环保宣传活动，清泉环保协会成功举办首届“清泉杯”辩论赛活动，获学生社会实践工作先进集体。在济南市奥体中心参加“我参与，我奉献”济南第十一届全运会赛会志愿者服务活动，在青岛市五四广场举行绿叶志愿者第 35 次宣传活动。学院团委被评为山东大学“青年志愿服务优秀组织单位”，清泉环保协会被评为山东大学青年志愿服务“十佳团队”。

2007 级本科生张天元、2007 级硕士研究生滕少香获“校长奖学金”。

1 名博士研究生获得上海同济大学高廷耀环保科技发展基金会的“青年博士杰出人才奖学金”。

2008 届硕士研究生魏锦程的论文《聚合铁基无机—有机复合混凝剂处理地表水的性能及机理研究》，获得 2009 年山东大学优秀硕士学位论文和山东省优秀硕士学位论文。

学校发布《山东大学关于表彰 2009 届优秀毕业生的决定》，孟凡琳、姜鲁、刘菲菲、沈楠、李玉华、王伟、李燕获此殊荣。

2010：十年磨一剑，全面建设渐入佳境

综述

一路风雨，十载深耕；依托我“山”，根深叶茂。经过十年的奋进，山东大学环境科学与工程学院取得了令人瞩目的佳绩，从简单的专业合并、人员重组到深度融合、锐意进取，终于被打造成了在学校有重要影响力的特色学院，初步实现了突飞猛进的跨越式发展。

学院坚持以科学发展观为指导，着力创新发展理念、把握内涵发展规律、找准办学定位，通过苦干实干加巧干，已在多个环境领域形成了一批有影响力的研究方向和研究成果。

与此同时，抓好党委“一班人”的思想建设、组织建设和作风建设，坚持党政联席会议集体决策、集体学习交流、“三重一大”制度，保证信息畅通、院务公开和工作落实。做好信息传达和经常性的思想教育工作。

开展“创先争优”活动。结合展示学院成立10周年建设成果的契机，按照学校党委的要求，举行了“创先争优”活动动员大会，统一师生员工认识。召集各支部书记会议，加强督促检查和指导，将“创先争优”活动与创建“一流学科、一流学院”紧密结合，凝心聚力，奋力进取。12月23日，在学校党委组织

召开的深入开展“创先争优”活动经验交流会上，学院党委作了典型经验介绍。

通过努力，争取到了学校专项资金，对学院楼内的上下水管道、配电室、用电线路进行了全面改造，更换了暖气主管道，教学科研条件有了很大程度的改善。

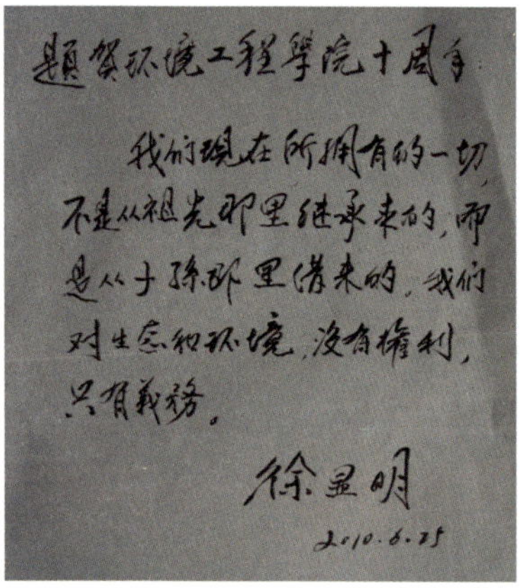
题贺环境工程学院十周年
我们现在所拥有的一切，不是从祖先那里继承来的，而是从子孙那里借来的，我们对生态和环境，没有權利，只有義務。
徐显明
2010.6.25

徐显明校长题贺环境学院建院10周年

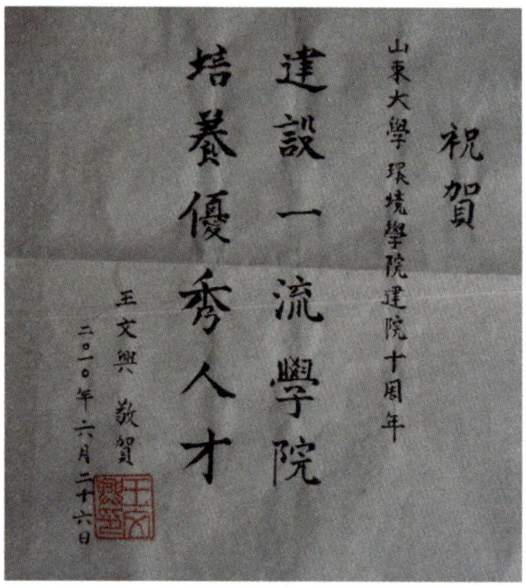
祝賀
山東大學環境學院建院十周年
建設一流學院
培養優秀人才
王文興 敬賀
二〇一〇年六月二十六日

王文兴院士为环境学院建院10周年题词

师资

在职教工61人，其中教授13人，副教授20人，博士生导师9人，硕士生导师23人。王曙光入选“教育部新世纪优秀人才支持计划”，高宝玉入选济南“泉城学者”。

1名清华大学博士毕业生入职。专任教师中具有博士学位的占82.5%。师资队伍形成良好的年龄、学历、学缘、知识结构。博士后流动站入站博士后已达22名，成为科学研究的一支重要力量。

学科

组织进行了“985”三期工程学科和平台规划工作。“环境工程国家二级重点学科”项目和“大型输水工程水质保障与生态修复”项目申报成功。

"山东省水环境资源污染控制与资源化"重点实验室和"山东省水污染控制工程技术研究中心"通过山东省科技厅的评估验收，成绩均为优秀，并获得省科技厅的奖励。

完成了山东省"十一五"重点学科"环境工程"的终期评估，完成山东省"十一五"高校"环境模拟与污染控制"重点实验室的终期评估。

完成了山东省重点实验室网站建设，组织了省重点实验室开放基金的公开征集与评审工作。

教学

本科生：(1)承办了教育部高等学校环境科学与工程教学指导委员会会议暨全国环境学科院长(系主任)联络会，充分展示了学院成立10年来的成就；(2)资源循环科学与工程本科专业获得批准，制定了培养方案，为新专业的招生做了充分的准备工作；(3)围绕进一步提高教学质量和学生的创新能力，修改、完善了环境科学和环境工程专业本科生培养计划；(4)获4项校级软件课题，居全校第一名；(5)获5项校级教研项目，其中两项为重点项目；(6)获2项通识教育核心课程建设项目，获资助5万元/项；(7)申报环境科学和环境工程优势特色专业国际化建设项目各1项；(8)申请到30万元的实验室建设经费，用于实验教学示范中心建设；(9)为本科生启动了"环境学科名师讲堂"；(10)组织青年教师参加了全校的教学比赛，一人获三等奖，一人获优秀奖。

研究生：修订了全日制环境工程专业学位硕士研究生的培养方案。开展了本年度硕士生指导教师遴选工作，新增硕士生指导教师7人，平均年龄35岁。高宝玉教授负责承担的全国工程硕士专业学位教育指导委员会研究课题顺利结题。专业学位教育工作成绩显著，增加了学院的收入，增强了学院自我建设和发展的能力，为学院岗位津贴的足额发放奠定了基础。研究生发表SCI收录论文60余篇。

学术与科研

国际合作与学术交流工作活跃并富有成效。申报并获准山东省科学技术厅第一批国际科技合作与交流平台。申报并获准国际合作课题1项。

组织了与韩国全北大学的学术交流，并签署合作与交流协议。组办了“中日韩三城市三大学研讨会”（济南）。组办了与澳大利亚昆士兰大学的研讨会。

邀请近10名国内外知名教授到学院交流。20多人次参加国际学术会议，10多人次作会议报告。提升了学院在国内外的知名度。

12月，高宝玉担任中国生态文明研究与促进会理事（第一届）。

开展了国家重大科技专项“十一五”课题的实施工作和“十二五”课题的申报工作。承担的1项国家“十一五”科技支撑计划课题和1项子课题通过验收。重点组织了“南水北调东线南四湖输水水质保障技术与示范”“黄河下游地区饮用水安全保障技术研究与综合示范”“海河流域水污染治理技术研究与集成示范”三个项目的“十二五”申报。

获得6项国家自然科学基金，获得5项省部级研究课题。2010年实到科研经费3853.97万元，其中基金类项目经费268万元，高新技术项目经费2404.59万元，横向经费1181.38万元，是2009年的2.75倍。教师人均科研经费101.79万元，名列学校各单位前茅。

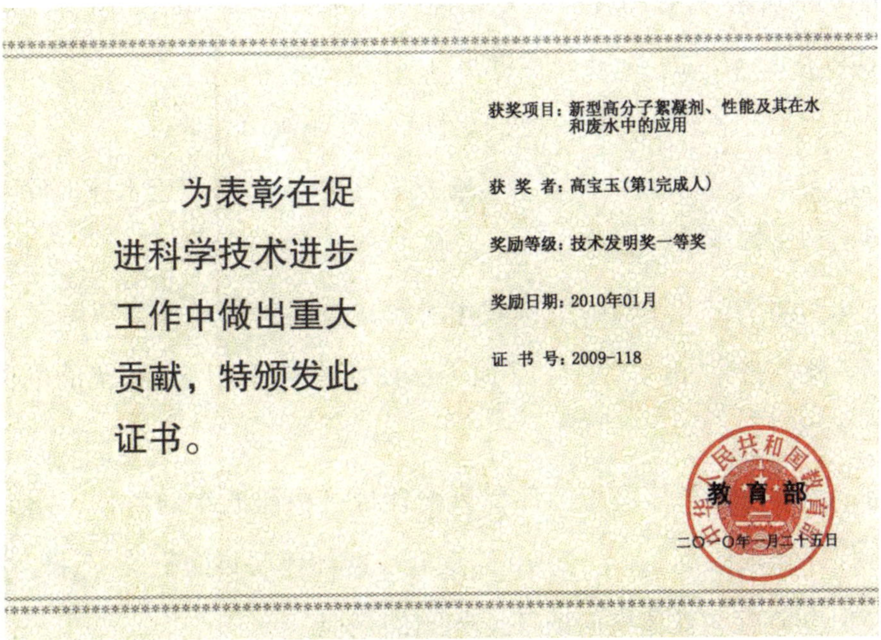

为表彰在促进科学技术进步工作中做出重大贡献，特颁发此证书。

获奖项目：新型高分子絮凝剂、性能及其在水和废水中的应用

获 奖 者：高宝玉（第1完成人）

奖励等级：技术发明奖一等奖

奖励日期：2010年01月

证 书 号：2009-118

中华人民共和国教育部

教育部

二〇一〇年一月二十五日

教育部技术发明奖证书

山东省科学技术奖

证 书

为表彰山东省科学技术奖获得者，特颁发此证书。

项目名称：构建区域循环经济与生态工业园模式的技术方法及示范推广

奖励等级：壹等

获 奖 者：崔兆杰（第壹位）

类　　别：科技进步奖

山东省人民政府

2010年01月18日

证书号：JB2009-1-18-1

山东省科学技术奖证书

2010年收录SCI、EI和ISTP论文79篇，其中SCI论文40篇、EI论文37篇、ISTP论文2篇，较2009年增长了49%。

申请国家专利67项，获得授权专利26项，出版著作3部。

2010年获得省部级科技成果奖励3项。高宝玉“水和废水处理混凝剂和吸附剂的行为和作用机制研究”项目，获山东省自然科学二等奖。崔兆杰“构建海洋化工类生态工业园的关键技术及示范”项目，获环保部环境保护科学技术三等奖。张建“山东省人工湿地工程技术规范研究”项目，获山东省科技进步三等奖。

通过了环境保护部组织的环境影响评价机构前五年的考核。完成了山东省环保厅要求的对2009～2010年度开展的环评项目的整理、上报、评估工作。2010年环评和其他横向项目经费1126万元。

许春华取得注册环保工程师资格。

学院具备了良好的硬件条件，拥有9个专业实验室，仪器设备齐全，总价值2000余万元，拥有进口大型仪器20余台(件)，是山东大学具有计量认证资质的大精设备集中地，可从事环境监测及各类物质及环境材料的分析测试，剖析未知样品，解析各类图谱，开展实验方法研究并培训大型仪器分析测试人员。

学生

2010年招生178人，其中本科生90人，硕士、博士研究生88人。毕业生146人，其中本科生95人、研究生51人。本科毕业生就业率为95.4%，研究生就业率为96.88%。截至年底，学院有全日制在校本科生413人，硕士、博士研究生215人。学院被学校评为学生就业工作先进集体。

全方位做好学生管理工作，通过班会、专题交流会、主题讲座、高年级与低年级同学结对子等形式，帮助学生提高自我管理能力。15人获山东大学三好学生荣誉称号，9 人获山东大学校级优秀学生干部荣誉称号。

学生创新创业活动成绩斐然。2 个项目获国家大学生创新性实验计划资助，6 个项目获山东大学资助。在第七届“挑战杯”山东大学学生创业计划竞赛中，获 3 个二等奖、2 个三等奖。

社会实践活动成果丰富。新建社会实践基地 3 处。3 个立项获得山东大学“社会实践活动优秀项目”。5 个团队被评为山东大学“社会实践优秀团队”，10 人被评为山东大学社会实践先进个人，11 篇调研报告分别获得山东大学优秀社会实践一、二、三等奖。

学院团委获“第三届香港绿色领袖营全国大学生环保交流研讨活动优秀组织单位”“世界水日宣传活动优秀组织单位”“山东大学第一届志愿者风采大赛二等奖”等荣誉。

硕士研究生杨忠莲获得 2010 年度校长奖学金，2 名博士研究生获得 2010 年度上海同济大学高廷耀环保科技发展基金会的“青年博士杰出人才奖学金”，3 名硕士研究生获得中国科学院 2010 年度“奥加诺奖学金”，其中二等奖 1 人、三等奖 2 人。

2009 届硕士研究生许醒的毕业论文《麦草阴离子吸附剂的研制及对磷酸根的吸附性能研究》，获得山东大学优秀硕士学位论文和山东省优秀硕士学位论文。

研究生杨忠莲的项目“铝盐混凝剂在引黄水库水处理中的混凝效果与不同组分残留铝的分离测定”，获得 2010 年山东大学优秀研究生科研创新基金项目资助，资助经费3 万元。

2011:110 周年校庆之年，教学科研放异彩

综述

继续抓好党委“一班人”的思想、组织和作风建设。坚持每周一次的党政联席会议学习交流和集体决策制度，认真贯彻执行“三重一大”制度，保证信息畅通、院务公开和工作落实。

组织学习胡锦涛总书记在清华大学 100 周年校庆大会上的讲话和纪念中国共产党成立 90 周年的讲话。结合建党 90 周年教育活动，暑假组织教工党员到井冈山参观南昌起义纪念馆，接受革命传统教育。

环境科学研究所党支部被评为山东大学先进党组织，王曙光、赵樱灿（本科生）被评为山东大学优秀共产党员，赵永新被评为山东大学优秀党务工作者。

落实学校校庆工作部署，做好 110 周年校庆工作。加强与校友的联络，走访校友，邀请校友，开展合作办学。结合学科特点，做好社会捐资工作。校庆期间，与省内 4 家校友环保公司签署了合作协议并设立了产学研基地或学生实践基地，并募集资金 60 万元。

教工党员到井冈山参观学习

将教学科研用房的屋面防水层全部翻修，并对学校分配的文史楼部分办公用房进行了维修改造，对学校分配的老校物理楼的实验用房进行了设计和规划。科研用房严重不足的状况有所缓解。

师资

学院有在职教工63人，其中教授15人，副教授19人，博士生导师11人，硕士生导师23人。

2011年，张建入选教育部新世纪人才，总人数增至4人。新增博士生导师1人、硕士生导师2人，周维芝、裴海燕晋升为教授。新进博士毕业生1名。具有博士学位的教师比例已达83%，专任教师中外校毕业的比例高达70%。2名青年教师赴美国进行为期1年的研究工作。

高宝玉被评为第十批济南专业技术拔尖人才。崔兆杰于2011年12月荣获“低碳山东十大学者”称号。

学科

环境工程专业被教育部评为国家特色专业。

完成环境学科“十二五”规划编制工作和山东省环境工程重点学科“十二五”建设任务书的编制。完成“环境科学与工程”一级国家重点学科申报材料的前期准备工作。

“985”三期工程“大型输水工程水质保障与生态修复”平台建设顺利实施。组织召开了山东省水环境污染控制与资源化重点实验室学术委员会会议。

教学

本科生：(1)组织骨干教师三次参加全国资源循环科学与工程新专业建设的研讨会，并制定了资源循环科学与工程专业本科生培养计划，并于当年招生。为加强资源循环科学与工程专业建设，从山东省经信委申请到30万元的校企共建实训基地经费。(2)修改、完善了环境科学和环境工程专业本科生培养计划。(3)将“环境工程微生物”“固体废物处理处置与资源化”“清洁生产”作为精品课程进行培育建设，学院每门课程资助2万元。(4)获得3项校级软件课题。(5)为本科生组织了“山东大学环境学科高层论坛”，加强了名师与本科生之间的互动与交流。(6)在工程训练中心获准建设给水实验平台。(7)从学校申请到60万元的实验室建设经费和20万元的本科生创新型人才培养经费。

研究生：(1)进一步修订了《全日制环境工程专业学位硕士研究生培养方案》。(2)成功举办了“环境保护与可持续发展”首届研究生暑期学校。(3)高宝玉负责的“现代水与废水处理技术”获得山东大学研究生精品课程。(4)研究生科研工作结硕果。2011年，研究生参与发表SCI收录论文60余篇。

2011年8月2日，学校发布《关于聘任李尚信等76人为博士研究生指导教师的通知》，李玉江被增列为博士研究生导师。

学术与科研

学院国际化水平得到进一步提升。3位流动岗位特聘教授和10余名国内外学者来访并进行学术交流，申报并获准国际合作课题1项。组织代表团赴韩国全北大学、汉阳大学和昌原大学进行学术交流，韩国汉阳大学12名研究生到学院交流。教师参加国内外的学术会议40多人次，20多人次作学术报告。

组织开展了国家重大科技专项“十一五”课题的验收工作，并积极开展国家重大科技专项“十二五”课题的申报。加强协调，为“南水北调东线南四湖输水水质保障技术与示范”“黄河下游地区饮用水安全保障技术研究与综合示范”等重大项目创造良好的实施条件。

2011年10月，高宝玉当选中国化工学会工业水处理专业委员会副主任委员。

2011年度，10项国家自然科学基金项目和7项省部级研究课题获得立项资助，获得山东省杰出青年基金课题1项。实到科研经费2662万元，其中基金类项目经费381万元，重点计划项目经费1316万元，横向经费965万元。

2011年发表收录SCI、EI和ISTP论文176篇，其中SCI论文83篇、EI论文84篇、ISTP论文9篇，增加了97篇，增长率为122.8%。

申请国家专利65项，获得授权专利27项，出版著作3部。

获得省部级科学成果奖励3项。高宝玉“受污染引黄水库水净化处理关键技术装备研究与示范工程”项目，获山东省科技进步一等奖。崔兆杰“区域废水深度处理与高值高效资源化关键技术与工程示范”项目，获山东省科技进步二等奖。周维芝“深海、极地微生物胞外多糖的水处理效能及机制研究”项目，获山东省科技进步三等奖。

山东省科学技术奖证书

2011 年 8 月 23 日，高宝玉获得山东省第五届发明创业奖二等奖。

周维芝，女，1970 年生，山东烟台人。1989.9～1993.7，山东农业大学资源与环境学院，获学士学位；1993.9～1996.7，中国科学院水土保持研究所，获硕士学位；2003.9～2006.7，山东大学环境科学与工程学院，获博士学位；2006.10～2009.6，山东大学微生物技术国家重点实验室，微生物学，博士后；1996.8～2005.4，山东省环境监测中心站，助理工程师、工程师、高级工程师；2001.1～2002.1，加拿大英属哥伦比亚大学（University of British Columbia）访问学者；2005.6 至今，山东大学环境科学与工程学院，副教授、教授。

学生

2011 年招生 202 人，其中本科生 105 人，硕士、博士研究生 97 人。毕业生 214 人，其中本科生 111 人，硕士、博士研究生 103 人。本科生就业率达 95%，研究生就业率达 97%。截至年底，学院有全日制在校本科生 421 人，硕士、博士研究生 246 人。

全方位做好学生管理工作。创办“环境学院名师讲坛”，组织教授讲座 15 期，增强了学生与名师的交流，提升了学生的专业素养。通过班会、交流会、专家教授主题讲座、高年级与低年级同学结对子等形式，提高了学生自主学习和科研的能力。

参加第四届全国大学生节能减排社会实践与科技竞赛“哈电杯”。岳钦艳指导的团队（高悦、夏楚凡、刘璐、高凡、于欢、徐运赟、卢悦）获得三等奖，他们的作品是《固体废物用于新型脱色-脱氮（EBR-BAF）污水处理反应器填料的研制和对印染废水处理的研究》。

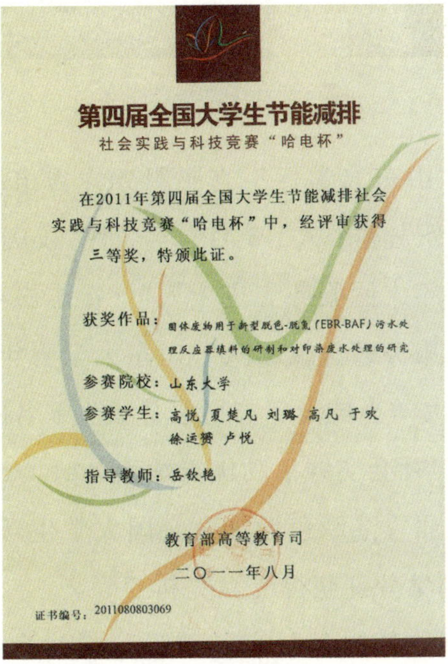

第四届全国大学生节能减排
社会实践与科技竞赛“哈电杯”

在2011年第四届全国大学生节能减排社会实践与科技竞赛“哈电杯”中，经评审获得三等奖，特颁此证。

获奖作品：固体废物用于新型脱色-脱氮（EBR-BAF）污水处理反应器填料的研制和对印染废水处理的研究

参赛院校：山东大学

参赛学生：高悦 夏楚凡 刘璐 高凡 于欢 徐运赟 卢悦

指导教师：岳钦艳

教育部高等教育司

二〇一一年八月

证书编号：2011080803069

第四届全国大学生节能减排社会实践与科技竞赛“哈电杯”获奖证书

参加第十二届“挑战杯”全国大学生课外学术科技作品竞赛。获国家三等奖 1 项，省级特等奖 1 项，“守望麦田”团队（高悦、刘博、徐运赟、于欢、夏楚凡）的作品《秸秆基阴离子吸附剂研制及在水处理中的应用》获省级一等奖。

"哈电杯"参赛学生

学院团委被评为"山东大学青年志愿服务优秀组织单位"。3 名同学获"110 周年校庆志愿服务先进个人"，5 名同学获评"校庆优秀志愿者"。1 名同学获"第七届山东省青年志愿服务先进个人"。在志愿者风采周活动中，清泉环保协会被评为"志愿服务四星级团队""山东大学青年志愿服务十佳团队"，1 名学生被评为"山东大学十佳青年志愿服务者"，1 名同学被评为"全省大中专学生志愿者'三下乡'社会实践活动优秀学生"。

学院被评为"第八届香港绿色领袖营全国大学生环保领袖交流研讨活动优秀组织单位"，2 名同学分别获得二等奖和三等奖。

许醒的项目"麦草秸秆制备阳离子型吸附剂对高氯酸根的吸附性能研究"，获得 2011 年山东大学研究生自主创新基金专项资助(1.5 万元)。

杨忠莲获 2011 年度山东大学博士研究生学术新人奖和教育部 2011 年度博士研究生学术新人奖。

2009 级本科生方婷婷、2009 级硕士研究生赵艳侠、2009 博士研究生池振兴获校长奖学金。

杨忠莲、许伟颖、许醒、孙凤、王丽和战晓 6 名同学获 2011 年度第五届奥加诺奖学金，其中博士生许醒和硕士生王丽获二等奖，博士生杨忠莲、许伟颖和孙凤以及硕士生战晓获三等奖。

杨忠莲等3名博士研究生获上海同济高廷耀环保科技发展基金会“青年博士生杰出人才奖学金”。

博士研究生屈小辉的论文被评为2011年度全国百篇优秀博士论文。

倪寿清的论文《厌氧氨氧化过程性能和微生物特性研究》，被评为2011年度山东大学优秀博士学位论文。

韩术鑫的论文《新型填料——污泥粉煤灰陶粒在生物滤池中处理合成废水的效果研究》，被评为2011年度山东大学优秀硕士学位论文，其导师岳钦艳获“山东大学优秀硕士学位论文指导教师”荣誉称号。

2012:领导班子第三次换届，发展思路开新篇

综述

认真贯彻落实《中共山东大学委员会2012年工作要点》。重点组织了两个方面的学习教育：一是上半年根据《中共山东大学委员会开展“信仰、信念、信心”教育活动实施方案》，在党员中开展了牢固树立和带头践行社会主义核心价值体系的学习教育活动，各支部结合创建“世界一流大学”奋斗目标和学院中心工作，以“党员应该信什么、个人差距有什么、当前应该做什么”为主题，举行了讨论活动。二是下半年组织学习了党的十八大重要文件。党的十八大是在我国进入全面建成小康社会决定性阶段召开的一次十分重要的大会，确定了全面建成小康社会和全面深化改革开放的目标。为了把广大师生员工的思想和行动聚集到党的中心工作上来，学院党委及时组织了学习大会报告的活动，结合关于“立德树人”根本任务和“生态文明建设”的内容，组织了座谈交流。

认真学习研究《山东大学2012年学术与行政工作要点》《山东大学创建世界一流大学战略规划（2011～2020）》（即《攀越计划》），谋划学科发展。强化学院行政服务的工作理念，做好后勤和日常管理工作，为教学科研与和谐校

园建设做实事。

与思源水业公司签署了合作协议并设立了产学研基地和研究生实践基地。

11月，学校中层领导班子集中换届。11月17日，学校党委公布任职通知，陈建民任院长，赵永新任党委书记，张建、王曙光、刘汝涛任副院长，张权、王斌任副书记，宋红明任办公室主任。

陈建民，男，1964年生，山东济宁人，“泰山学者”特聘教授。1985年7月，入安徽工业大学化工系分析化学专业学习，获学士学位；1990年7月，入复旦大学化学系分析化学专业学习，获硕士学位；1993年7月，入复旦大学化学系物理化学专业学习，获博士学位。1993.8～1997.6，复旦大学化学系讲师、副教授、副主任；1998.5～2009.11，复旦大学环境科学与工程系副主任、教授、系主任；2009.12～2012.5，复旦大学环境科学与工程系常务副主任。主要研究方向为环境化学、大气气溶胶、生物质能源等。

陈建民教授

王斌，男，1970年10月生，山东莒南人，副教授。1994年7月，毕业于山东师范大学教育系，获教育学学士学位；2001年12月，从山东师范大学获教育学硕士学位。先后在山东医科大学成人教育学院、山东大学网络教育学院、山东大学继续（网络）教育学院工作，历任学院副主任、教务部副主任、教学部主任、办公室主任等职。

师资

在职教工63人，其中教授15人，副教授20人，博士生导师12人，硕士生导师25人。专任教师中具有博士学位的教师比例达87%，其中外校毕业的教师比例达70%。苏继新晋升为教授，新进博士毕业生1人。

泰山学者1人，教育部新世纪优秀人才4人。2名青年教师赴美国进行为期1年的科研工作。

学科

中国科教评价网发布2011～2012年环境工程和环境科学研究生教育排行榜，山东大学环境工程专业排第13位，取得了历史性的突破。

学院拥有环境科学与工程一级学科博士点，拥有环境科学与工程博士后流动站，环境工程专业为山东省重点学科。

设环境工程系、环境科学系和资源环境系3个系和1个实验教学中心，系（中心）主任依次是李善评、苏继新、岳钦艳和包南。与此同时，还设有现代分析测试、环境科学、环境工程3个研究所。

设环境工程、环境科学和资源环境系3个系，设现代分析测试、环境科学、环境工程3个研究所和1个实验教学中心。

拥有山东省水环境资源污染控制与资源化重点实验室、山东省水污染控制工程技术研究中心、山东省环境科学工程技术研究中心。

为迎接国家第三次学科评估，组织精干力量，总结阶段性建设成果，为迎接评估做准备。

教学

本科生:从学校申请到100万元的实验室建设经费和20万元的本科生创新型人才培养经费。1项省级教学研究课题获得立项批准。

研究生:做好硕士研究生指导教师的遴选工作,5名年轻教师获得指导教师资格。为吸引优秀生源,组织了优秀大学生暑期夏令营,吉林大学、中国农业大学、重庆大学等高校20余名学生参加夏令营。共招收保研学生18名。研究生参与发表SCI收录论文100余篇。

学术与科研

2012年3月,高宝玉担任中国化学会应用化学学科委员会委员、中国化学会应用化学委员会水处理化学学科组副理事长;11月,担任《工业水处理》编委。此外,高宝玉于2012年起担任山东省投资咨询专家委员会委员、《环境科学学报》(*Journal of Environmental Sciences*)编委。

许春华2012年6月兼任山东省海河流域水专项课题领导小组办公室副主任。

获1项国际合作课题。法国科学院专家学者到学院访问交流。3位流动岗位特聘教授和10余名国内外学者来学院访问并进行学术交流。40多人次参加了国内外的学术会议,并有40多人次作口头学术报告。

获国家自然科学基金和重大水专项11项、省部级研究课题7项。实到科研经费2422万元,其中基金类项目经费363万元,重点计划项目经费530万元,横向经费1529万元,位列学校前茅。

2012年共发表收录SCI和EI论文199篇,其中SCI论文121篇、EI论文78篇。

申请国家专利65项,获得授权专利27项,出版专著3部。

获得省部级科技成果奖励 4 项。张建“南水北调东线南四湖流域污染综合治理技术体系创新与应用”项目，获山东省科技进步一等奖。崔兆杰“循环经济内涵及生产产业园区的设计规范、评价标准研究”项目，获山东省科技进步二等奖。任丽军“战略环境影响评价技术创新体系”项目，获山东省科技进步二等奖。崔兆杰“山东生态省建设的理论与方法体”项目，获山东省科技进步二等奖。

高宝玉教授《钛盐絮凝剂用于创新水净化和污泥回收》获得 2012 年国际水质协会亚太地区项目创新奖和项目创新全球荣誉奖。

任丽军，女，1973 生，山东省环保厅环境影响评价专家库专家。1990.9～1994.7，东北师范大学地理系自然地理专业，获学士学位；1994.9～1997.7，东北师范大学环境科学与工程学院，获硕士学位；2002.9～2005.7，中国科学院东北地理与农业生态研究所，获博士学位。1997.7～1999.7，山东大学环境工程系助教。1999.7 至今，山东大学环境科学与工程学院讲师、副教授。

学生

2012 年招生 191 人，其中本科生 107 人，硕士研究生 70 人，博士研究生 14 人。毕业生 210 人，其中本科生 111 人，硕士研究生 88 人，博士研究生 11 人。截至年底，学院有全日制在校本科生 421 人，硕士、博士研究生 246 人。

学院团委被评为“山东大学青年志愿服务优秀组织单位”。获“2012 年山东大学青年志愿服务十佳团队”，1 名学生被评为“2012 年山东大学十佳青年志愿服务者”，1 名学生被评为“第七届山东省青年志愿服务先进个人”。

第八届挑战杯“复星”中国大学生创业计划竞赛参赛学生

参加第八届“挑战杯”中国大学生创业计划竞赛，团队（夏楚凡、高悦、陆达伟、孙熙隆、刘文文、任中飞、孙亮、吴苏清、左琦、赵维庆）的作品《高岳环保技术有限公司》（指导教师：岳钦艳），获得金奖、山东省特等奖。

第八届挑战杯“复星”中国大学生创业计划竞赛获奖证书

“凯盛开能杯”第五届全国大学生节能减排社会实践与科技竞赛参赛学生

参加“凯盛开能杯”第五届全国大学生节能减排社会实践与科技竞赛，团队（高悦、刘博、夏楚凡、徐运赟、赵源坤、王文语、刘璐）的作品《超轻污泥陶粒—绿色定形相变储能材料的制备及应用》（指导教师：高宝玉），获得二等奖。

“凯盛开能杯”第五届全国大学生节能减排

社会实践与科技竞赛

在2012年“凯盛开能杯”第五届全国大学生节能减排社会实践与科技竞赛中，经评审获得全国**二等奖**，特发此证

作品名称：超轻污泥陶粒—绿色定形相变储能材料的制备及应用

作品类别：科技类

参赛院校：山东大学

参赛学生：高　悦　刘　博　夏楚凡　徐运赟　赵源坤　王文语　刘　璐

指导教师：高宝玉

全国大学生节能减排社会实践与科技竞赛委员会

教育部高等学校能源动力学科教学指导委员会

二〇一二年八月

证书编号：201208-5-XJTU-AE029

“凯盛开能杯”第五届全国大学生节能减排社会实践与科技竞赛证书

参加中国宋庆龄基金会“星巴克大学生环保践行者”项目评比，学生团队作品《脱水污泥的创新应用》，获全国前 20 名。

参加全国大学生科普作品创作大赛，学生团队作品《你的科学我的心——关于活性炭的产生、使用，对环境影响的科教节目》，获全国前 100 名。

2012 年度国家级大学生创新创业训练计划立项共 2 项：郝放、李佳蓉、陈东亮、王文语、杨炳君团队的《碱性橙Ⅱ与过氧化氢酶的相互作用研究》；夏楚凡、陆达伟、高悦、孙亮、孙熙隆团队的《高岳环保技术有限公司》。

博士研究生杨忠莲获 2012 年度山东大学校长奖学金。

赵艳侠和许醒获上海同济大学高廷耀环保科技发展基金会“青年博士生杰出人才奖学金”。

许醒获 2012 年度山东大学博士研究生学术新人奖和教育部 2012 年度博士研究生学术新人奖。

学校发布《关于表彰 2012 年度山东大学优秀博士学位论文奖获得者及其指导教师的决定》，孙雪菲的《金属离子在好氧微生物颗粒上的界面作用》获山东大学优秀博士学位论文，王曙光获山东大学优秀博士学位论文指导奖。

战晓的论文《混凝及其与吸附联用处理引黄水库水的研究》，获 2012 年度山东大学优秀硕士学位论文。

2013:"环境与健康菁英班"开班，学科、科研传喜讯

综述

在学校第六督导组指导下，围绕"群众路线"和"作风建设"两个主题，按照"照镜子、正衣冠、洗洗澡、治治病"的总要求，进一步加强领导班子、党支部和全体党员的思想、组织建设，严格执行"中央八项规定"，强化党内制度和廉政建设，坚持教育与实践并重，打牢学习教育和查摆问题两个基础，建章立制，整改落实，取得阶段性成效。

2013 年度，围绕生态文明建设和区域发展的重大需求及学科建设发展，学院工作重点集中在调整学科方向布局、加大高层次人才引进力度、加强与中国科学院等单位合作等方面，探索解决"大需求、小规模""有方向、无特色"等学科发展问题。

5 月 31 日，山东大学化学系 1977 级校友、中国科学院生态环境研究中心主任、中国科学院院士江桂斌受聘山东大学环境科学与工程学院名誉院长仪式在中心校区知新楼举行。江桂斌院士一直心系母校，通过多种途径对母校的发展给予大力支持。他希望山东大学环境学科以国家生态文明建设的重大需求为导向，改革创新，加快发展步伐，取得更大成绩。与中国科学院生态

环境研究中心合作的"环境与健康菁英班"开班。

江桂斌，1957年出生，山东莱阳人。1982年毕业于山东大学化学系，1987年、1991年先后获中国科学院生态环境研究中心硕士、博士学位，是我国著名的分析化学、环境化学家。美国化学会*ES&T*杂志副主编、《环境化学》主编、《科学通报》执行副主编。

江桂斌院士受聘山东大学环境科学与工程学院名誉院长

2013年7月19日，学校党委文件通知，张建任学术研究部部长兼科研平台建设办公室主任。12月9日，学校党委文件通知，李玉江任环境科学与工程学院副院长。

李玉江，男，1963年生，山东章丘人。1981.9～1985.7，华东理工大学环境工程系环境工程专业，获学士学位；2004.3～2006.6，山东大学环境科学与工程学院环境工程专业，获硕士学位；2006.9～2009.6，山东大学环境科学与工程学院环境工程专业，获博士学位。1985.7～1999.7，山东工业大学化工系，助教，讲师；1996.7～1998.6，德国 VEBA Konzern 访问学者；1999.7～2000.6，山东工业大学环境与化工学院，副教授；2000.7～2013.12，山东大学环境科学与环境工程学院，副教授、教授、博士生导师。研究方向：水污染控制理论与技术，水处理剂研制开发，强乳化废水的油水分离与资源化。

李玉江教授

与潍坊爱普、山大华特、碧水蓝天和山东国舜等公司合作，设立四项奖教金，合同总额150万元，年度经费总额30万元。

师资

在职教工62人，其中专任教师40人。专任教师中教授17人、副教授15人、副研究员3人、讲师5人。1名教师晋升为教授，2名讲师晋升为副教授。教师中具有博士学位者占85%。

新增博士生导师2人（王艳、周维芝），博士生导师15人（含兼职3人），硕士生导师21人。

教育部新世纪优秀人才5人（新增裴海燕）。

崔兆杰于2013年2月获评国务院特殊津贴专家，于2013年11月荣获“低碳山东杰出学者”称号。

加大高层次和海外人才引进力度。从澳大利亚、美国高校和北京师范大学引进3名教师。引进1名美国夏威夷大学博士后到学院任副研究员，1名日本筑波大学博士毕业生到学院任副研究员。3名教师完成在国外一年的访问。博士后流动站入站 23 人。师资队伍的学缘、学历和年龄结构进一步改善。

学科

4 月，第三轮一级学科评估结果公布。参评高校 82 所，山东大学环境科学与工程名列第 12 位，比第二轮上升了 19 个位次。学科建设的突破性进展大大增强了师生员工的自信心。

6 月，教学科研体制机构进行调整：撤销环境工程研究所、环境科学研究所，新成立了 7 个实体研究所，即大气污染治理研究所、环境生物技术研究所、资源循环与清洁生产研究所、资源循环及环保新材料研究所、环境生物技术与功能材料研究所、流域水环境研究所、环境化学与工程技术研究所。

教学

(1)与中国科学院生态环境研究中心联合创办的"环境与健康菁英班"顺利开班。2013 年 1 月 16 日公布的《山东大学关于设立"环境与健康菁英班"的决定》指出：为探索科教协同育人新模式，共同培养环境与健康拔尖创新人才，经学校研究决定，同意山东大学环境科学与工程学院和中国科学院生态环境研究中心联合开办山东大学"环境与健康菁英班"。每年从山东大学环境科学与工程学院、化学与化工学院、生命科学学院、信息科学与工程学院、医学类各学院等学院大二（五年制医学类专业从大三开始）学生中择优选拔 40 名左右热爱环境与健康事业的优秀本科生进入"环境与健康菁英班"学习，学习期限为 1 年半。当年，环境学院 19 名同学入班。暑假组织该班学生到中国科学院生态环境研究中心实践学习。

首届“环境与健康菁英班”部分学生接受录取通知书

（2）开设通识核心课程 2 门，专业课程网站数量达到 44 个。网站建设不断完善，丰富了各类学习资源，满足了学生课外自主学习、自我发展的需求。

（3）从学校申请到 120 万元的实验室建设经费，增设了资源循环科学与工程专业实验室。

（4）本科生发表 SCI、EI 学术论文 13 篇，获专利 6 项。

（5）2013 年 11 月 25 日，学校发布《山东大学关于公布 2014 年招收培养博士生指导教师名单的通知》，张建、岳钦艳、李玉江、高宝玉、裴海燕、崔兆杰，刘汝涛、王睿、王曙光、陈建民、胡文容（兼）、张波（兼）、江桂斌（兼）入选。

（6）承办了两期“海右”博士生论坛、一期“稷下风”研究生学术讲坛，举办“环境未来之星”学术系列讲座，举办多期研究生学术经验交流会。

学术与科研

2013 年 6 月 15 日，学校发布《关于公布山东大学校学术委员会和学部学术委员会、院级学术委员会委员的通知》，高宝玉任主任，陈建民、王文兴任副主任，委员王文兴、王睿、王曙光、李小明、李玉江、陈建民、张庆竹、岳钦艳、胡敬田、高宝玉、崔兆杰。

高宝玉担任中国工程教育认证协会环境类专业认证分委员会专家。

高宝玉兼任山东省政协人口资源环境委员会专家委员会成员。

崔兆杰于2013年3月兼任中华全国供销合作总社天津再生资源研究所所长。

2013年10月，刘汝涛课题组发表在*Environmental International*上的学术论文入选2012年中国百篇最具影响国际学术论文。

裴海燕获得国家自然科学基金优秀青年基金。年度获6项面上基金、3项青年基金资助，4项省部级研究课题立项，资助资金总额达500多万元。实到科研经费2147万元，其中基金类项目经费364万元，重点计划项目经费463万元，横向经费1320万元。

收录SCI和EI论文199篇，其中SCI论文99篇、EI论文48篇、ISTP论文37篇。

申请国家专利67项，获得授权专利29项，出版著作3部。

获得省部级科技成果奖励4项。高宝玉"新型混凝剂与吸附材料的特性、作用效果与行为研究"项目，获教育部自然科学二等奖。崔兆杰"信发集团区域循环经济关键技术集成与模式示范"项目，获山东省科技进步二等奖。崔兆杰"山东省持久性有机污染物(POPs)污染特征及生物有效性"项目，获山东省科技进步二等奖。黄理辉"草型湖泊底泥污染治理关键技术与应用"项目，获山东省科技进步三等奖。

裴海燕，女，1973年10月生，山东泰安人。1991.9～1993.7，山东矿业学院环境工程专业，获学士学位；1999.9～2002.12，山东大学环境工程专业，获理学硕士学位；2002.9～2005.6，山东大学微生物学专业，获理学博士学位；2005.10～2007.10，中国海洋大学环境科学与工程学院环境工程系博士后；2005.3～2006.3，墨尔本大学(Melbourne University)化学与分子生物系博士后；2007.11至今，山东大学教授。获山东省"有突出贡献的中青年专家"称号。主要从事污水的脱氮除磷、有毒有害藻类的控制以及微藻的利用等研究，先后承担国家自然科学基金与省部级科研项目20余项，取得了一系列具有创新性的研究成果。

黄理辉，男，2006年3月，同济大学环境工程专业博士研究生毕业，同年入职山东大学环境科学与工程学院。副教授，博士生导师。获省部级科技奖励3项，其中教育部科技进步二等奖一项，山东省科技进步一等奖、三等奖各一项。

学生

2013年招生213人，其中本科生126人，硕士研究生74人，博士研究生13人。86名本科生毕业，35名硕士研究生毕业，一次就业率为94%；17名博士研究生毕业，一次就业率为100%。截至年底，学院有全日制在校本科生426人，硕士、博士研究生267人。

研究制定了《环境学院研究生家庭经济状况评估办法》。

学生社会实践活动成果丰硕。1个团队被评为“社会实践省级优秀服务队”，1名学生获山东省社会实践活动优秀学生，1名教师获山东省大学生暑期社会实践活动优秀指导教师。学院团委荣获第六届香港绿色领袖营全国大学生环保领袖交流研讨活动优秀组织单位。

获得全国大学生“挑战杯”金奖一项，获得全国大学生节能减排大赛二等奖一项，获得全国大学生科普创意大赛三等奖一项，获得国家级科技创新实验立项一项。

赵爽、刘海获2013年度山东大学博士研究生学术新人奖。

许伟颖的论文《纳米Al_{13}的混凝行为、絮体特性及对膜污染的影响研究》，被评为2013年度山东大学优秀博士学位论文。

杨忠莲的《铁盐—聚环氧氯丙烷胺复合混凝剂与铝盐混凝剂的特性与絮凝行为研究》，获2013年度山东省研究生优秀科技创新成果二等奖。

1名博士生获得2013年度山东省科学技术奖一等奖(第五获奖人)。

2010级博士研究生许醒获校长奖学金。

与中华环保基金会签订协议,设立"曲格平奖学金",本科生、硕士生、博士生各1人获奖。

与清大国华环保科技公司签订协议,设"清大国华奖学金",1名本科生、2名硕士生、1名博士生获奖。

2014：整体搬迁揭开序幕，机遇和挑战跃然而升

综述

继续做好学院领导班子的思想建设、组织建设、作风建设和党风廉政建设工作，认真执行中央“八项规定”和反对“四风”的要求，制定了《关于进一步规范学院财务支出的规定》。

抓好教工的思想政治教育、时事政策学习和工作信息交流。组织习近平总书记系列讲话和党的十八届四中全会精神的学习，及时传达学校春、秋新学期工作会议精神。落实群众路线教育实践活动整改计划，加强学院领导成员与系(所)、青年教师和学生班级的联系，组织教工党员参观莱芜战役纪念馆。设立“聊城碧水蓝天公司奖教金”，总额 50 万元，每年 10 万元，用于奖励成绩突出的教职员工。

2014 年 4 月，张权调任学校人才办公室任副主任。

5 月 16 日，召开学院党员大会，选举产生了由赵永新、王斌、王曙光、刘汝涛、李玉江、宋红明、谢隆艳七人组成的新的一届党的委员会，赵永新任书记，王斌任副书记。

5 月 16 日，组织召开了学院第一届教职工代表大会，选举产生了由苏继

新、聂伟、王信东、王新华、王璞五人组成的新的一届工会委员会，苏继新任工会主席，聂伟任副主席。

10月7日，山东大学第十三届党委常委会第十五次会议确定青岛校区首批学科布局以及搬迁学院和相关科研机构，环境科学与工程学院为首批搬迁的六个学院之一。这一消息公布后，学院领导班子成员采取多种形式，与学科带头人和部分老教师进行沟通交流，掌握教职工思想动态，收集整理大家对青岛校区建设、学科发展、教职工生活等方面的意见，认真研究，及时反映。广大教职工展现出求发展、顾大局的良好精神风貌，顺利完成青岛校区的选购住房工作。

师资

在职教工66人，专任教师42人，专任教师中教授18人，副教授16人，副研究员3人，讲师7人；博士生导师15人（含兼职3人），硕士生导师21人。教师队伍中具有博士学位的达88%。

1名教师晋升为教授，1名讲师晋升为副教授。2名优秀博士毕业生充实到教师队伍，2名教师出国访问一年。

教育部新世纪优秀人才5人（王睿、刘汝涛、王曙光、张建、裴海燕）。国家优秀青年科学基金获得者1人（裴海燕）。张建入选2014年国家创新人才推进计划。

学科

学院拥有环境科学与工程一级学科博士学位授予权，设环境科学与工程博士后流动站，环境工程为山东省重点学科。

设“三个系”，即环境工程系、环境科学系和资源环境系，对应环境工程、环境科学和资源循环科学与工程三个本科专业。环境工程专业为国家特色专业，环境科学专业为山东省品牌专业。

设“7+1”个所，即大气污染治理研究所、环境生物技术研究所、资源循环与清洁生产研究所、资源循环及环保新材料研究所、环境生物技术与功能材料研究所、流域水环境研究所、环境化学与工程技术7个实体研究所和1个战略环评与规划虚体研究所。

设1个实验教学示范中心。拥有山东省水环境污染控制与资源化重点实验室、山东省水污染控制工程技术研究中心、山东省环境科学工程技术研究中心、山东省中美环境与健康技术合作研究中心4个省部级科研平台。

教学

本科生：(1)组织制订了本科生新的学分制培养计划。(2)以系为单位，协调解决了教学内容重复的问题。(3)完成了第一届“环境与健康菁英班”的推荐保研工作，保研率达到66.7%。完成第二届菁英班的招生工作，共招收36名学生。(4)规划了青岛校区本科教学实验室建设内容。(5)《夯实基础、强化创新—教学研究型大学环境学科人才培养模式的改革与实践》(刘汝涛、王小宁、张权、李玉江、高灿柱)，获山东省教学成果二等奖。(6)许春华在山东大学2013～2014学年青年教师课堂教学比赛中荣获三等奖。

研究生：(1)学校发布《山东大学2015年招收培养博士生指导教师名单的通知》，张建、岳钦艳、李玉江、高宝玉、裴海燕、崔兆杰、刘汝涛、王睿、王曙光、王艳、周维芝、陈建民、胡文容（兼）、张波（兼）、江桂斌（兼）入选。(2)与法国奥尔良大学签署了研究生交流合作协议，每年互派3名硕士研究生。(3)为吸引研究生优秀生源，举办了暑期夏令营。开展了在职工程硕士招生宣传和生源拓展工作。(4)《环境工程专业研究生创新能力培养机制研究》(高宝玉、岳钦艳、张建、许春华、李倩、王新华)，获山东省教学成果三等奖。

学术与科研

学术交流活动

组织了3位流动岗位特聘教授、7位短期教授的交流活动。50多人参加了国内外学术会议，40多人作口头学术报告。16位国内外专家到学院进行学术交流活动。1项联合国资助的国际合作项目圆满结题。

高宝玉于2014年3月担任《山东大学学报（理学版）》第五届编辑委员会常务委员。

高宝玉入选爱思唯尔发布的2014年中国高被引学者（环境科学领域）榜单。

崔兆杰自2014年12月兼任山东省清洁生产指导中心主任。

获得8项国家自然科学基金和6项省部级研究课题立项资助。全年实到科研经费2201万元，其中基金类项目经费429万元，重点计划项目经费555万元，横向经费1217万元。

收录SCI和EI论文213篇，其中SCI论文128篇、EI论文85篇。

申请国家专利65项，获得授权专利27项，出版著作3部。

获得省部级科技成果奖励 6 项。高宝玉“新型水和废水处理用混凝剂与吸附材料研制及性能”项目，获山东省科技进步一等奖。王曙光“好氧微生物颗粒与重金属和微量有机污染物的界面作用及机理研究”项目，获山东省自然科学二等奖。裴海燕“南水北调东线调蓄湖泊浮游植物驱动因子与水华防控”项目，获山东省科技进步二等奖。张建“人工湿地净化污染河水的技术研发与应用”项目，获国家环境保护科学技术二等奖。张建“可持续运行功能强化的人工湿地水质净化技术”项目，获山东省技术发明二等奖。岳钦艳“工业固体废物基环境友好材料－陶粒的研发和应用”项目，获山东省技术发明二等奖。

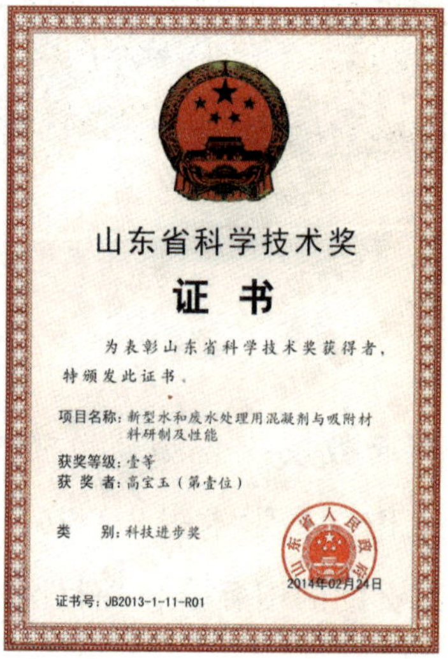
山东省科学技术奖

证 书

为表彰山东省科学技术奖获得者，特颁发此证书。

项目名称：新型水和废水处理用混凝剂与吸附材料研制及性能

获奖等级：壹等

获 奖 者：高宝玉（第壹位）

类　　别：科技进步奖

山东省人民政府

2014年02月24日

证书号：JB2013-1-11-R01

山东省科学技术奖证书

刘汝涛获 2014 年第十一届国际有毒物大会（ISPTs）青年科学家奖。

根据环保部有关环评改制要求，启动环评改制工作。环境学院与科研院技术转移中心相关人员多次参加高校环评机构体制改革经验交流会，并到环境保护部环境工程评估中心和南京大学等高校进行调研。

学生

2014 年招生 216 人，其中本科生 118 人，硕士、博士研究生 98 人。毕业生 170 人，其中本科生 99 人，硕士、博士研究生 71 人。硕士、博士的就业率分别为 95.2%、100%。截至年底，学院有全日制在校本科生 437 人，硕士、博士研究生 284 人。

山东省大中专学生志愿者暑期“三下乡”社会实践活动优秀团队 1 支，省级社会实践先进个人 1 人，省级社会实践优秀指导教师 1 人；山东大学十佳志愿服务团队 1 个，十佳志愿者 1 人；清泉环保协会、绿色风环保协会分别入选山东大学精品社团、山东大学优秀社团。

研究生组队参加“中国梦 · 山大情”合唱比赛，获一等奖。

参加第七届（金川杯）全国大学生节能减排社会实践与科技竞赛，作品《废弃禽羽制备活性炭》获得全国一等奖。

参加“创青春”全国大学生创业计划竞赛，学生团队（组长王腾，组员赵爽、王锦州、邱乙伦、王怡然、王锦、赵艳婷、徐秀、郭旺）的“蓝魄环保高科技有限公司创业计划书”项目，获山东省金奖。

赵艳侠的《钛盐混凝剂的混凝行为、作用机制、絮体特性和污泥回用研究》，获 2014 年山东省研究生优秀科技创新成果三等奖。赵艳侠获得中国科学院第八届“奥加诺（水质与水环境）奖学金”二等奖。

马德方获得 2014 年山东大学博士研究生学术新人奖。

许醒、孙媛媛、范金林、马德方、荣红岩、邵媛媛、赵爽 7 人获得山东大学研究生优秀学术成果奖。

5 名本科生、7 名硕士生、3 名博士生获得国家奖学金；13 名本科生获得国家励志奖学金。

硕士生董红钰获得校长奖学金。

2011 级博士研究生吴海明、2011 级硕士研究生岳东亭和 2010 级本科生邢雅楠获得曲格平奖学金。

赵爽 2014 年获得上海同济大学高廷耀环保科技发展基金会的“青年博士杰出人才奖学金”。

荣红岩 2014 年 6 月 5 日获第一届哈尔滨工业大学“王宝贞环境科技创新

奖学金”一等奖。

杨忠莲的论文《铝盐混凝剂在给水处理中残留铝含量、组分及影响机制研究》，被评为2014年度山东大学优秀博士学位论文和山东省优秀博士学位论文。

何红桃的论文《新型赤泥、黄河泥沙基烧结砖的制备及其性能和烧结机理的研究》，被评为山东大学优秀硕士论文。

2015：工作节奏加快，搬迁成为新焦点

综述

组织实施“三严三实”专题教育活动。以党支部活动立项为抓手，加强教工与学生党支部的交流。为纪念抗战胜利 70 周年，组织教工党员到沂蒙红嫂祖秀莲纪念馆和沂蒙山根据地进行了两场实地教学活动，重温入党誓词。环境工程系教工党支部和学院机关党支部被评为山东大学先进基层党组织，高宝玉、黄理辉、杨凌霄、薛丽坤被评为山东大学优秀党员，赵永新被评为山东大学优秀党务工作者。

学院搬迁、环境学科未来发展成为领导班子的工作重心和师生员工关注的热点。4 月 27 日，学院党政联席会议第一次研究搬迁规划方案。9 月 14 日，党政联席会议研究搬迁工作方案。11 月 12 日，提出教学科研用房需求和具体设计参数。为增强工作的针对性，组织问卷调查，集思广益，做好教职员工的思想政治工作。克服各种困难，圆满完成教学科研用房对接、本科教学实验室建设规划、学生管理预案等工作。

加强宣传工作，展现学院风采。做好网站的更新维护工作，学院网站被评为年度山东大学优秀网站。在学校新闻网、青春山大、学生在线等网站发表各类稿件 300 余篇。

继续加强服务地方和社会合作工作。碧水蓝天有限公司、山东国舜建设集团有限公司为学院各捐赠10万元，用以奖励环境学院教职工。

师资

截至2015年年底，有教工65人，其中专任教师42人，专任教师中教授18人，副教授16人，副研究员3人，讲师7人；博士生导师14人，硕士生导师21人。专任教师队伍中具有博士学位者占88%。

学院拥有"泰山学者"特聘教授2人（高宝玉教授2015年入选，陈建民教授2012年入选），教育部新世纪优秀人才5人，国家"优秀青年科学基金"获得者1人，国家创新人才推进计划1人。

2015年7月19日，学校发布《关于公布首批"山东大学青年学者未来计划"培养人选的通知》，李倩教授入选，她主持的项目是"环境友好型高吸水性树脂/水凝胶材料的研制及应用研究"。2015年7月学院青年教师刘春光副研究员被山东省委组织部和山东省科学技术厅统一选派到菏泽市巨野县挂职科技副县长。协助分管科技、环保和重点项目建设工作。同年，倪寿清副教授被选派到沂水县挂职科技副县长。科技挂职不仅促进了学校和巨野/沂水县的交流合作，也为学院培养了年轻干部后备人才。

学科

2015年12月3日，学校发布《山东大学关于聘任山东省重点实验室和山东省工程技术研究中心负责人的通知》，聘任裴海燕教授为山东省环境科学工程技术研究中心主任。

教学

本科生：(1)首届"环境与健康菁英班"36名学生毕业。34人在国内或出国读研。"环境与健康菁英班"招生培养模式形成特色，深受学生喜爱和好评，得到中国科学院和学校的肯定。(2)2015 年4 月 22 日，《山东大学关于公布“2014 年度课堂教学质量优秀教师”获奖名单的通知》，崔兆杰教授、李倩副教授、胡振副教授榜上有名。

研究生：(1)学校发布《2016 年博士生招生资格确认人员名单》，崔兆杰、洪静兰、刘汝涛、陈建民、高宝玉、李力、李玉江、裴海燕、王睿、王曙光、王艳、岳钦艳、张建、周维芝榜上有名。(2)高宝玉、岳钦艳获“2015 年山东大学优秀研究生指导教师”称号。(3)获得 2015 年度山东省研究生创新能力教学研究重点项目 1 项。(4)实施与法国奥尔良大学签订的研究生合作交流协议。

学术与科研

组织 4 位流动岗位特聘教授、3 位短期教授的交流活动。16 位国内外专家到学院进行学术交流活动。20 多人参加了国内外的学术会议，20 多位国内外专家到学院进行学术交流活动。

2015 年 12 月 24 日，学校发布《山东大学关于公布第十二届校学位评定委员会和基层单位学位评定分委员会成员名单的通知》，陈建民任主席；王文兴任副主席；委员主要有陈建民、王文兴、高宝玉、王曙光、岳钦艳、李小明、崔兆杰、李玉江、王睿、张庆竹、胡敬田。

2015 年，高宝玉入选爱思唯尔发布的 2015 年中国高被引学者(环境科学领域)榜单。

2015 年 6 月，倪寿清教授获济南市人民政府授予的“泉城特聘专家”称号。

2015 年 8 月，崔兆杰兼任中国环境科学学会生态产业分会副主任委员。

2015 年 9 月，崔兆杰兼任再生资源与循环经济杂志社编委会副主任。

2015 年 9 月，崔兆杰兼任天津市循环经济标准化技术委员会委员。

教师发表 SCI 和 EI 论文近 200 篇，环境工程与生态学首次进入 ESI 前 100 名。获得授权专利 29 项。

高宝玉、许醒、岳钦艳的专著《阴离子生物质吸附材料》，2015 年 8 月由科学出版社出版。

获 9 项国家基金和 4 项省部级研究课题，实到科研经费 2300 万元。

获得省部级科技成果奖励4项。岳钦艳“基于污泥和工业固体废物的环境友好材料的研制和应用”项目，获教育部高等学校技术发明二等奖。岳钦艳“固体废物基环保新材料的研制与应用”项目，获国家环境保护科学技术三等奖。崔兆杰“利用铁尾矿改良苏打盐碱地技术研究与应用”项目，获冶金科学技术三等奖（中国钢铁工业协会）。崔兆杰“钛白废酸高效高值利用关键技术与工艺研究”项目，获中国循环经济协会科学技术二等奖。

2015年3月，学校学术研究部技术转移中心牵头，会同环境学院，组织召开了由人事部、财务部、审计处、资产管理部、产业集团等有关部门参加的专题会议，听取环境影响评价体制改革调研报告，探讨并完善了环境学院起草的环评改制与脱钩工作方案。

岳钦艳，女，1958年生，山东菏泽人，享受国务院政府特殊津贴专家，国家注册环境影响评价工程师，国家清洁生产审计师。1978.10～1982.7，北京大学化学系化学专业，获理学学士学位；1988.9～1992.12，山东大学化学院物理化学专业硕士研究生，获理学硕士学位；2005.3～2007.12，山东大学环境科学与工程系环境工程专业博士研究生，获工学博士学位；1982.7～1987.3，山东省医药工业研究所，助理工程师；1987.3至今，山东大学化学院、环境科学与工程学院，副教授、教授。从事固体废物处理处置与资源化、水处理剂和环境功能材料、水处理技术等方面的教学、科研和技术研发工作，承担了国家和地方科研项目多项，取得了丰硕成果。

岳钦艳教授

学生

2015 年招生 212 人，其中本科生 101 人、硕士研究生 97 人、博士研究生 14 人。毕业生 173 人，其中本科生 94 人，硕士研究生 63 人，博士研究生 16 人。本科生、研究生就业率均在 93%以上。截至年底，学院有全日制在校本科生 430 人，研究生 304 人。

制定了《关于进一步做好学生工作的办法》《推动就业工作的措施》《关于加强学生职业生涯发展指导工作的实施方案》，明确了学生工作的目标、思路和措施。修改完善了《环境学院研究生新生学业奖学金评审办法》《本科生“让我们共同成长”项目实施方案》等文件。

成立学院党课教研室、学生职业生涯发展咨询室、学生心理健康咨询室、形势政策与社会实践课教研室和心理健康教育课教研室。充分发挥了形势政策课、党课、心理健康教育课的作用，同时积极开展了以安全、入学、毕业、职业规划为主要内容的思想政治教育和发展指导工作。以党支部立项为抓手，加强学生党支部建设，两个项目获批立项。全年发展学生党员 22 人，转正 31 人。

2015 年，国家级大学生创新创业训练计划项目立项 3 项：李盛结（负责人）、韩松霖、李旭阳、钟文四人团队的“三堤两道式人工湿地构筑及运行效果研究”。杨旭丹（负责人）、杨新平、王辉、李萌、刘迎雪五人团队的“造纸污泥基阳离子型有机高分子絮凝剂的研发及应用研究”。王瀚韬（负责人）、鄢闰辛、姜鹏、赵盈珺四人团队的“超轻污泥陶粒在厌氧一好氧生物滤池中处理制药废水的研究”。

第八届全国大学生节能减排社会实践与科技竞赛参赛学生

本科生团队（唐越、王怡然、毕峰、张凯、张晓、邓洋洋、刘宸汁）的《“节”外生污，如何保“节”治污？——节能灯回收处理问题探究与方案设计》（指导教师：岳钦艳），获全国大学生节能减排社会实践与科技竞赛一等奖。

第八届全国大学生节能减排
——社会实践与科技竞赛——
THE 8th NATIONAL UNIVERSITY STUDENT SOCIAL PRACTICE AND SCIENCE CONTEST ON ENERGY SAVING & EMISSION REDUCTION

在2015年第八届全国大学生节能减排社会实践与科技竞赛中，经评审，获得全国一等奖，特此发证。

参赛院校：山东大学

作品名称：“节”外生污，如何保“节”治污？——节能灯回收处理问题探究与方案设计

作品类别：社会实践调查

参赛学生：唐越 王怡然 毕峰 张凯 张晓 邓洋洋 刘宸汁

指导教师：岳钦艳

全国大学生节能减排
社会实践与科技竞赛委员会
二〇一五年八月

证书编号：2015B-1-001

第八届全国大学生节能减排社会实践与科技竞赛证书

赵爽、刘海获2015年山东大学研究生优秀学术成果二等奖；高原、黄鑫、赵频、孔娇娇、宋明明获山东大学研究生优秀学术成果三等奖。

获大学生创业计划竞赛国家级铜奖1项、省级金奖2项。

获山东省大学生科普作品创意大赛二等奖1项。

赵艳侠的论文《钛盐混凝剂的混凝行为、作用机制、絮体特性和污泥回用研究》，被评为2015年度山东大学优秀博士学位论文和2015年度山东省优秀博士学位论文。

荣红岩的论文《造纸污泥制备絮凝剂的资源化技术及应用》，被评为2015年度山东大学优秀硕士学位论文和2015年度山东省优秀硕士学位论文。弓晨的论文《典型有机污染物降解机理的理论研究——介质阻挡放电、电化学氧化剂Fenton法》，被评为2015年度山东大学优秀硕士学位论文。

2012级本科生房鑫、2013级博士研究生党娟获校长奖学金。2012级硕士研究生张清哲获得国家留学基金委公派攻读博士学位奖学金，赴加拿大国立科学研究院攻读博士学位。

学校发布《山东大学关于表彰2015届优秀毕业生的决定》，省优秀毕业生有张浩、李文锋、胥燕燕、张斌、李文凯、王树森、张冰洁、彭博、屈坤、任少杰；校优秀毕业生有孙昊宇、李佳佳、肖佳楠、董红钰、姜婷婷、李云飞、孔文倩、梁昱、孙炯明。

2016：青岛校区投入使用，本科新生先行鳌山卫

综述

院班子成员认真贯彻落实《中共山东大学委员会2016年工作要点》《山东大学2016年行政工作要点》等文件精神，围绕"双一流"建设，在人才培养、学科建设、科研与服务地方、国际交流等方面取得了较好的成绩，办学质量整体向好。

组织实施"两学一做"和"三严三实"专题教育活动，针对发现的问题，制订整改计划和措施。建立党支部书记微信公众号，重点开展了习近平总书记系列讲话、中共十八届六中全会精神、"十三五"规划等重点内容的学习。组织党员到海阳地雷战纪念馆和老区根据地参观学习，接受革命传统教育和党性教育。

高宝玉被评选为山东大学优秀共产党员。

学生党支部以"四讲四有"为主线，开展了以"深化两学一做，矢志立业报国"为主题的党员教育活动，进行了"党史学习之追忆山东省革命烈士""党性提升之向沂蒙革命老战士学习""爱国教育之参观革命纪念馆"等实践活动。微信公众号"党箭牌"、党员QQ群、党员"读书角"等成为学习交流、宣传的重

要平台。本科生党支部获组织部立项2项，研究生党支部获组织部立项1项。本科生党支部以制度建设为主要内容的立项荣获三等奖。全年发展学生党员30人。

4月25日，经学校批准，陈建民辞去院长职务。

5月16日，学校党委组织部和校区党工委负责人口头通知，由王曙光主持学院行政工作。

搬迁

4月18日，党政联席会议研究确定青岛校区学院教学科研楼的使用设计方案并报学校审批，会议还确定了秋季学期在青岛校区为新生上课的教师名单。

6月30日，召开教职工大会，布置秋季学期青岛校区工作事项。

9月1日，确定《青岛校区学院教学科研楼用房分配方案》（征求意见稿）。

9月16日，88名2016级本科生入驻青岛校区，学院党委副书记王斌、2016级本科生辅导员信鸽、本科教学秘书常宏文长驻青岛，负责新生的学习、生活。

10月31日，党政联席会议研究搬迁经费预算。

师资

在职教工67人，专任教师45人，专任教师中教授20人，副教授14人，副研究员5人，讲师6人；博士生导师14人，硕士生导师25人；外籍教师1人；教师中具有博士学位的占89%。许春华晋升为教授。

岳钦艳教授被评为“国务院政府特殊津贴专家”。

“泰山学者”特聘教授1人，教育部新世纪优秀人才5人，国家优秀青年科学基金获得者1人，入选国家创新人才推进计划1人。张建入选国家“万人计划”，袁宪正入选“齐鲁青年学者”特聘教授。

澳大利亚阿德莱德大学金波教授获批教育部“海外名师”，张晓东通过国家青年千人计划答辩，曾阳（法国籍）、武艳、马德芳、石岩四位青年教师入职。

2016年5月24日，学校发布《关于公布第二批“山东大学青年学者未来计划”培养人选的通知》，倪寿清教授入选。

聘请曲久辉、郝吉明两位院士和俞汉青、余刚两位“国家杰出青年学者”“长江学者”为兼职教授。聘请倪晋仁、彭永臻、黄国和三位院士为兼职讲席教授。聘请“长江学者”“国家杰出青年学者”李永平为山东大学兼职特聘教授。

袁宪正，男，1981年生，山东青岛人。2000.9～2004.7，山东大学环境科学与工程学院环境工程专业，获学士学位；2004.9～2007.6，中国科学院生态环境研究中心环境科学专业，获硕士学位；2010.9～2013.6，中国科学院青岛生物能源与过程研究所化学工程专业，获博士学位。2007.7～2016.8，中国科学院青岛生物能源与过程研究所，实习研究员、助理研究员、副研究员；2016.9，山东大学环境科学与工程学院教授。主要从事废水/废物生物处理与资源化、纳米材料的环境行为与生态效应研究。

学科

按照学校统一部署，根据《第四次学科评估简况表》的要求，对2012～2015年的学科建设情况进行了全面总结，高质量地完成了学科评估申报工作。

与环境研究院联合申报的“环境污染与控制”学科通过了学校“学科高峰计划”新兴交叉学科的专家论证。

2016年4月27日，学校发布《山东大学关于聘任山东省省级科研平台负责人的通知》：王曙光教授为山东省水环境污染控制与资源化重点实验室主任、李玉江教授为山东省水污染控制工程技术研究中心主任。

教学

本科生:(1)认真组织“山东大学本科教育教学改革大讨论”活动。围绕“凝心聚力,抢抓机遇,建设一流本科教育”的主题,举办了不同层面的座谈会,研讨专业现代化、特色培养、人才培养模式等问题。召开学院全体教师会议,研讨如何落实毕业要求,明确每位老师、每门课程、每个环节在人才培养中的地位和作用。(2)通过“环境与健康菁英班”“环境学科大师论坛”等平台,为学生开设学术讲座20余场。(3)组织策划了《环境与健康菁英班》校报专刊。青岛校区无机化学与分析化学的本科教学实验室运行良好。(4)为迎接教育部本科教学审核评估,根据学校工作计划,下学期进行了各项工作的准备工作。(5)组织参加了全国环境学科教学论坛和本科教学研讨会。

研究生:(1)学校发布《山东大学关于公布2017年招收培养博士生指导教师名单》,高宝玉、崔兆杰、王艳、岳钦艳、李玉江、李力、王曙光、张建、王睿、周维芝、刘汝涛、裴海燕、杨凌霄、袁宪正榜上有名。(2)首次招收国外留学生攻读硕士和博士学位。

2016年7月,“亚洲校园”(CAMPUS Asia)项目落户山东大学,学院被指定为中方牵头单位。山东大学与长崎大学、成均馆大学共同申请的“中日韩联合培养基础设施建设领域顶级工程师”项目成功入选。“亚洲校园”全称为“亚洲大学生集体行动交流计划”(Collective Action of Mobility Program of University Students),由中、日、韩三国政府主导实施,旨在通过三国高等学校间各种形式的交流项目,促进三国合作及学生的相互了解,为增强学校竞争力、培养亚洲下一代杰出人才作贡献。

学术与科研

海洋环境考察

高宝玉入选爱思唯尔发布的2016年中国高被引学者（环境科学领域）榜单。

2016年4月，高宝玉受聘山东省政协人口资源环境委员会特聘专家。

2016年4月，崔兆杰兼任山东省国合循环经济研究中心主任。

2016年6月，高宝玉担任济南市环境科学学会理事长。

2016年8月，许春华兼任中国环境科学学会水处理与回用专业委员会委员。

2016年12月，崔兆杰兼任国家发改委发展循环经济工作部际联席会议专家咨询委员会专家。

10项国家基金获得立项资助，到账经费448万元。

收录SCI论文150多篇，再创新高。环境工程与生态学稳定在ESI前100名。

申请专利 90 项，获得授权专利 29 项，出版著作 3 部。

获得省部级科技成果奖励 1 项。岳钦艳“污泥低成本减量化、资源化关键技术与装备”项目，获中国产学研合作创新成果二等奖。

许春华获中国环境科学学会 2016 年度优秀环境科技工作者奖。

高宝玉、岳钦艳、王燕、李倩的专著《复合高分子絮凝剂》，2016 年 3 月由化学工业出版社出版。

山东大学 2016 年第八次校长办公会通过了环境学院提出的《山东大学环评机构改制与脱钩工作方案》。

学生

2002 级校友十年相聚母校

2016 年招生 172 人，其中本科生 88 人（青岛校区），硕士研究生 71 人，博士研究生13人。113名本科生、65名全日制硕士研究生、19名博士研究生毕业。本科就业率90%，硕士研究生95%，博士研究生100%。截至2016年底，学院有全日制在校本科生401人，博士、硕士研究生290人。

为青岛校区首届88名本科新生配备名师上课，实行导师制，举办名师讲座，组织开展安全教育、校史教育、思想教育和学风教育。除为本科生配备发展导师外，导师与学生还可通过线上线下进行沟通交流。

12月4日，以"节约用水"为主题的环保进小学活动在济南市历元小学开展。授课内容涵盖生活用水、工业用水、农业用水等，旨在向小学生普及水的知识，认识到水的重要性，让小学生在学习知识的同时养成节约用水的习惯。

清泉环保协会参加第二届山东省青年志愿服务项目大赛并获铜奖。"绿色风"环保系列活动获得了山东大学校园文化建设精品项目立项。1人获评"省级社会实践优秀个人"。

本科生获国家级大学生创新创业训练计划2项，分别是刘迎雪、张铭琪、刘家琪、陈作、张家铭团队的"蒙脱土固定化的Ni/Fe双金属材料的制备及应用"和宫博、吴刚、黄灏、王翰韬、王海澜团队的"磁性秸秆吸附剂耦合微生物富集一还原高氯酸盐的效能、行为及机制研究"。

本科生朱卓然的作品《"海绵城市"在济南》，获得山东省第二届环境类专业大学生科技竞赛一等奖(指导教师:李玉江)。

韩飞、马德方获得山东大学研究生优秀学术成果二等奖，李瑞华、宋雯获得三等奖。

董红钰的论文《铁盐混凝剂中铁形态对混凝—超滤联用工艺的影响》，获2016年度山东大学优秀硕士学位论文。

2016年，实现研究生学业奖学金全覆盖。

黄鑫获2016年度上海同济大学高廷耀环保科技发展基金会"青年博士杰出人才奖学金"。

2016年5月2日，学校发布《山东大学关于表彰2016届优秀毕业生的决定》，省优秀毕业生主要有毕峰、房鑫、王腾、杨新平、鹿绍宇、金曦、成露、马千驰、杨昆仑、赵爽；校优秀毕业生主要有徐驰、张腾戈、唐越、王锦洲、王怡然、李东、荆明阳、崔二乾、薛静、马德方。

7月30日，环境学院2002级本科部分校友返校举行毕业10周年聚会暨师生见面座谈会，学院党委书记赵永新、学术委员会主任高宝玉、副院长王曙光、副院长李玉江、实验教学中心主任包南等参加。王曙光、李玉江、包南分别回忆了同学们在校学习、生活期间的成长历程，校友们依次向老师和同学们简要汇报了各自的工作和生活情况，表示将继续秉承“学无止境、气有浩然”的校训，牢记老师们的教诲，勇于担当，努力成就一番事业。

2017：青年才俊加盟多，搬迁青岛更繁忙

综述

继续抓好党委“一班人”政治思想、组织、作风和党风廉政建设，坚持党政联席会议集体决策、“三重一大”制度，按照“两学一做”制度化、常态化要求，开展“深入学习十九大精神，解读党章修正要点”“建设美丽中国”“《习近平的七年知青岁月》读书交流”“收看《榜样》”等主题党日活动。

加强革命传统和党性教育。在纪念建军90年之际，组织教工到惠民渤海革命老区机关旧址参观学习，赴山东省博物馆参观“山东省庆祝中国人民解放军建军90周年主题展”。在“七一”前夕组织学生党员及部分教工党员赴徂徕山抗日武装起义纪念馆参观学习。在“一二·九”前夕，组织青岛校区部分教职工和学生党员、本科生入党积极分子赴中共青岛党史纪念馆参观学习，重温入党誓词。通过一系列教育活动，党员的理想信念、党性观念、党员意识普遍增强。

在“两学一做”支部风采展示活动中，2015级硕士研究生党支部的《知行合一，砥砺奋进，争做有时代担当的环境人》获评特色作品。2013级本科生支部的《充分发挥党支部作用，服务毕业生成长成才》获得山东大学年度基层党

组织立项活动二等奖。本科生党支部申报的《加强党支部文化建设，提升支部工作水平》和2016级硕士生党支部申报的《强化支部建设，做合格环境人》获批立项。年度发展党员20名、转正27名。

10月30日，学校党委发布任职通知：王曙光任常务副院长。

搬迁

2017年5月，李玉江、包南和宋红明前往浙江大学、厦门大学、复旦大学、华东理工大学、同济大学等高校实地考察教学科研实验室，学习经验。在与校区各职能部门反复交流的基础上，就青岛校区实验室的建设与改造提供了行之有效的建议与方案，为整体搬迁后的教学科研工作的顺利开展奠定了基础。

2月23日，王琪珑副校长到学院调研，对搬迁准备工作给予肯定，对教职工普遍关心的问题和具体困难进行了回应解答。

2月28日，召开搬迁设备、大型仪器组织论证会，通报教学科研楼四楼办公区域的设计情况。

3月9日，党政联席会议讨论教学科研楼实验室的设计和分配调整问题。

3月14日，党政联席会议讨论图书、办公用品、精密仪器、大型仪器、高风险物资等搬迁及报废方案。

6月10日，组织搬迁公司实地考察青岛校区场地及条件。

6月12日，向基建处反馈教学科研楼若干内部设计需求。

6月16日，党政联席会议讨论落实办公区域的改造方案，落实各实验室建设现场负责人，落实各实验室搬迁物资、设备仪器的具体负责人。

7月10日，确定公共实验室搬迁联系人，对接实验室设计公司。综合考虑下学期在济南青岛行政人员的调配安排。

7月11日，学生行李搬迁启运，一辆大车，两辆小车，共计300余袋。

8月27日1辆车，9月26日6辆车，物资、仪器设备共计323件。

10月14日1辆车，10月18日1辆车，物资、仪器设备共计135件。

师资

在职教工 71 人，专任教师 52 人，专任教师中教授 23 人，副教授 16 人，副研究员 8 人，讲师和助理研究员 4 人；博士生导师 20 人，硕士生导师 28 人。教师队伍中具有博士学位者，占专任教师总数的 91％。外籍教师 3 人。

高宝玉、崔兆杰、岳钦艳享受“国务院政府特殊津贴”，高宝玉、裴海燕为“山东省有突出贡献的中青年专家”。

入选国家“万人计划”1 人，入选国家“青年千人计划”1 人，“泰山学者”特聘教授 1 人，教育部新世纪优秀人才 5 人，国家优秀青年科学基金获得者 1 人，入选国家创新人才推进计划 1 人，“齐鲁青年学者”特聘教授 1 人。

学校发布《关于公布第三批“山东大学青年学者未来计划”培养人选的通知》，孙雪菲、刘莹入选。

“长江学者”闫兵团队从化学院调入学院，国家“青年千人计划”入选者张晓东教授入职，赵珊教授通过了国家“青年千人”申请与答辩并入选，德国哈特穆特·赫尔曼（Hartmut Herrmann）博士获批山东省“外专双百计划”专家并与山东大学签约。

聘任 1 名中国科学院院士、2 名中国工程院院士、1 名加拿大工程院院士为兼职讲席教授，1 名国家杰出青年学者和“长江学者”为兼职特聘教授。

闫兵，男，1957 年 10 月生，美国哥伦比亚大学博士，主要研究方向为环境与健康，*Ecotoxicology and Environmental Safety* 主编（2018～），*Nano Impact* 副主编（2016～）。

学科

2017 年 5 月，教育部第四轮学科评估结果公布，山东大学环境科学与工程学科评定为 B+。

2017 年 9 月 20 日，教育部、财政部、国家发展改革委印发《关于公布世界一流大学和一流学科建设高校及建设学科名单的通知》，山东大学入选世界一流大学A类建设高校。为进一步落实国家“双一流”建设要求，学校出台《山东大学世界一流大学建设方案》。方案提出实施学科高峰计划，重点建设5个一流学科领域。“环境污染与控制”入选学校“学科高峰计划”新兴交叉学科，与化学一级学科、物理学一级学科一起列入“化学与物质科学”学科领域。山东大学环境学科迎来新的发展机遇。

经天津市科技局批准，中华全国供销合作总社与山东大学联合成立天津市电子废物资源再生工程技术中心，崔兆杰教授任中心主任。

《关于成立山东大学环境健康研究所的通知》：为整合多学科研究力量，加强环境化学和环境毒理相关学科研究，提升环境与健康学科研究水平，经学校研究，决定成立山东大学环境健康研究所。该研究所为依托环境科学与工程学院的非实体性科研机构，闫兵任研究所所长。

教学

本科生：(1)继续在本科新生中推行导师制。“长江学者”闫兵教授、计算机学院刘保东教授、青岛海事法院副院长李伟博士在青岛校区给本科生开讲座，内容涉及环境与化学、环境与数学、环境与法学等，引导学生跳出环境看环境，受到学生好评。在青岛校区组织“新境界”学术讲座，组织包括教育部“海外名师”在内的科研教育第一线的31位专家学者和科研新秀展示自己的最新科研成果，为学院师生提供开拓科研视野的窗口。(2)“菁英班”的教学与实践出成果。学校发布《山东大学关于公布2017年教学成果奖获奖名单的通知》，《科教融合创新本科人才培养新模式的理论与实践》获山东大学教学成果一等奖(同时也获得了当年的“中国科学院教育教学成果奖”一等奖)，完成人：刘汝涛、江桂斌、刘春光、张爱茜、王斌、曹青。(3)组织参加了年度全国环境学科教学论坛和全国“再生资源科学与工程”教学研讨会。(4)建立了面向国外留学生的全英文课程体系，攻读学位的留学生数量增加，中日韩“亚洲校园”项目顺利推进，为授予双学位做好了前期准备。(5)学校发布《关于公布青岛校区学院实验教学中心及所属教学实验室名单的通知》：环境科学与工程学院实验教学中心下属的环境科学专业实验室、环境工程专业实验室、资源循环科学与工程专业实验室 3 个专业实验室和 1 个开放创新实验室，即环境科学综合实验室。

2017 年 12 月“亚洲校园”圆桌会议

中国科学院
CHINESE ACADEMY OF SCIENCES
中国科学院教育教学成果奖
获奖证书

成果名称：科教融合创新本科人才培养新模式的理论与实践
奖励等级：一等奖
获 奖 者：江桂斌　张爱茜　刘汝涛　郑明辉　曹　青
证 书 号：201608

中国科学院
2017年6月

中国科学院教育教学成果奖获奖证书

研究生：学校发布《山东大学关于公布2018年招收培养博士生指导教师名单》，高宝玉、崔兆杰、王艳、岳钦艳、李玉江、李力、王曙光、张建、王睿、周维芝、刘汝涛、闫兵、裴海燕、洪静兰、袁宪正、王志宁、李倩、梁爽、倪寿清、苏继新入选。

12月23日，中日韩“亚洲校园”项目协调会在山东大学青岛校区环境学院召开。来自日本长崎大学、韩国成均馆大学、山东大学环境学院和土建学院的代表参加会议，环境学院常务副院长王曙光致欢迎词。会议对硕士研究生双学位项目实施方案进行了磋商和确认，为签订“三校”之间的双学位合作备忘录奠定了基础。

学术与科研

高宝玉入选爱思唯尔发布的2017年中国高被引学者（环境科学领域）榜单。

高宝玉于2017年担任《环境工程学报》编辑委员会副主编。

崔兆杰自2017年1月起兼任山东省节能环保产业发展联盟专家委员会主任。

11项国家基金和重点项目获得立项资助。

收录SCI论文167篇、EI论文105篇，发表论文再创新高。

获得授权专利26项。

高宝玉的专著《纳米聚合氯化铝絮凝剂制备及应用》，2017年2月由化学工业出版社出版发行。

马放、高宝玉、胡勇有、周集体、彭先佳的专著《生物复合絮凝剂的开发与应用》，2017年3月由科学出版社出版发行。

获省部级科学成果奖4项。高宝玉“高效水处理混凝剂及新型深度氧化方法基础研究”项目，获重庆市自然科学一等奖。高宝玉“复合高分子絮凝剂的絮凝行为和作用机制研究”项目，获教育部自然科学二等奖。崔兆杰“环城矿山污染减排与生态修复关键技术及集成应用”项目，获中国钢铁工业协会、中国金属协会冶金科学技术二等奖。崔兆杰“环城矿山污染减排与生态修复关键技术及集成应用”项目，获辽宁省科学技术进步三等奖。

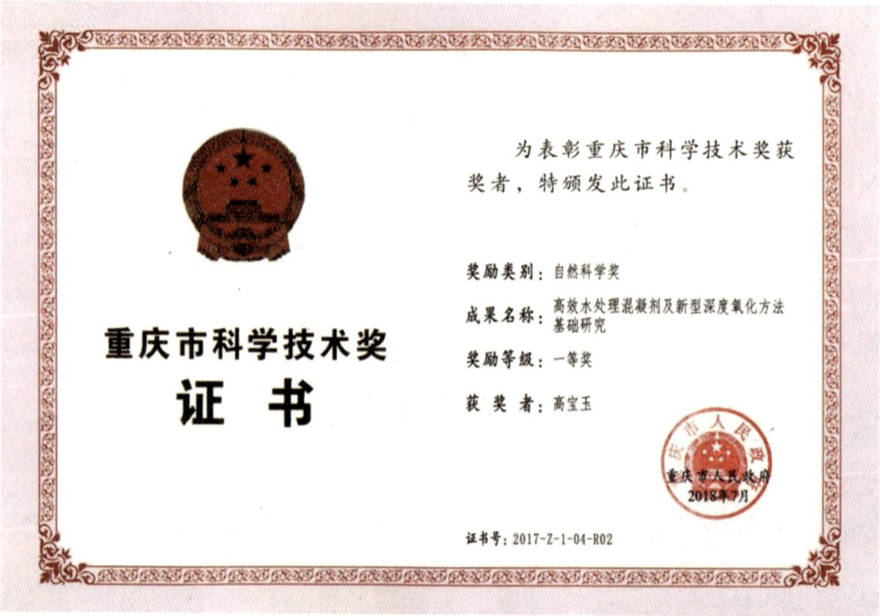
重庆市科学技术奖

证　书

为表彰重庆市科学技术奖获奖者，特颁发此证书。

奖励类别：自然科学奖

成果名称：高效水处理混凝剂及新型深度氧化方法基础研究

奖励等级：一等奖

获 奖 者：高宝玉

重庆市人民政府

2018年7月

证书号：2017-Z-1-04-R02

重庆市科学技术奖证书

环保部颁布《关于建设项目环境影响评价资质审查结果（2017 年第二批）的公告》，批准山东大学等 7 家机构完成事业单位环评机构体制改革。

学生

2017 年招收本科生 108 人、硕士研究生 82 人、博士研究生 14 人，招收非全日制硕士研究生 26 人（住校就读）。110 名本科生毕业，全部获得学士学位。73 名硕士研究生毕业，9 名博士研究生毕业，硕士毕业生就业率 97%，博士毕业生就业率 100%。截至年底，学院有全日制在校本科生 395 人，硕士、博士研究生 321 人。

2015 级本科生整体搬迁至青岛校区。2017 年 9 月 8 日，2015 级本科生举行了搬迁后的第一次班会，围绕如何适应新环境、如何度过未来两年的大学生活两个主题进行了深入交流，学院党委副书记兼2015级本科生辅导员王斌、班主任袁宪正、刘巍参加活动。

清泉环保协会获评2017年度山东大学十佳志愿服务组织。“装至成澄”社会实践团队获评2017年山东省暑期“三下乡”社会实践活动优秀服务队。

在国家级大学生创新创业训练计划结题答辩中，获得一等奖1项，二等奖1项。2017年，立项3项，分别是：杨美琪（项目负责人）、孟启炜、石妍琦、孙章桎团队的“废弃快递包装盒制备复合材料吸附污水中抗生素的研究”；罗雨莉（项目负责人）、梁莹、史祺团队的“木质素基磁性絮凝剂的制备及其作用机制的研究”；王海澜（项目负责人）、王睿、崔鸿飞、张冬林的“非络合态Mn(Ⅲ)超快速氧化控制抗生素N-DBPs生成的研究”。

参加“神雾杯”第十届大学生节能减排社会实践与科技竞赛，本科生团队的《小型医疗机构废物回收处理问题探究与方案设计》获国家级三等奖。

“神雾杯”第十届全国大学生节能减排社会实践与科技竞赛证书

2017届本科毕业生郭康鹰的论文《木质素基絮凝剂复配聚合氯化铝对膜

污染影响研究》（指导教师：高宝玉），获评山东省优秀学士学位论文。

黄鑫获得2017年度山东大学第八届学生“五四”青年科学奖。

学校分布《关于公布2017年“山东大学研究生优秀学术成果奖”获奖名单的通知》，徐杭州、葛晓丽获二等奖；黄兆松、李瑞华、李涛获三等奖。

马德方的论文《城市污水MBR处理工艺出水回用消毒副产物的生成与控制》，被评为2017年度山东大学优秀博士学位论文和2017年度山东省优秀博士学位论文。

张岩的论文《转盘式Electro-Fenton技术研究及其在四环素降解中的应用》，被评为2017年度山东大学优秀硕士学位论文。

博士研究生李瑞华获国家奖学金，同时获得2016～2017学年北京大学唐孝炎环境科学创新奖学金。

2015级博士研究生郭子彰获校长奖学金。

李瑞华、宋雯获2017年上海同济大学高廷耀环保科技发展基金会的“青年博士杰出人才奖学金”。

学校发布《山东大学关于表彰2017届优秀毕业生的决定》，胡新笑、李盛结、宫博、王辉、董上上、王瀚韬、吴刚、高萌、刘智圣、黄灏、王希、陈建妃、邹艺娜、王凤、刘高风、张炳亮、孟英杰、陈诗、陈洋、黄鑫榜上有名。

2018：学院整体搬迁青岛，领导班子第四次换届

综述

深入贯彻落实习近平总书记在全国高校思想政治工作会议讲话和《中共中央国务院关于加强和改进新形势下高校思想政治工作的意见》精神，探索“三全育人”新途径。

坚持党要管党、从严治党的原则，加强党的基层组织建设。各党支部积极开展“围绕学院中心工作，建设特色党支部”活动。教工党支部开展的“发挥党支部战斗堡垒作用，促进党建与学科协调发展”、2017 级硕士研究生支部开展的“落实党员联系制度，探索研究生党建新模式”活动获 2018 年度基层党组织立项活动奖。环境工程系党支部和院部机关党支部被评为“山东大学先进基层党组织”，高宝玉、黄理辉、杨凌霄、薛丽坤四位教师被评为山东大学优秀党员，赵永新被评为山东大学优秀党务工作者。

2018 年 12 月，学院领导班子换届，王曙光任党委书记，张建任常务副院长，王斌任副书记，李玉江、袁宪正、胡振任副院长，宋红明任副处级组织员。

胡振，男，1985 年生，山东临沂人。2002.9～2006.7，山东大学环境科学与工程学院环境工程专业，获学士学位；2006.7～2011.7，山东大学环境科学与工程学院环境工程专业，获博士学位。2011.4～2013.8，夏威夷大学马诺阿分

校分子生物学与生物工程系，博士后；2013.9 至今，山东大学环境科学与工程学院，副研究员。

搬迁

1 月 9 日 4 辆车，1 月 16 日 2 辆车，物资、仪器设备 175 件。

3 月 2 日 4 辆车，物资、仪器设备 327 件。

3 月 5 日，党政联席会议研究青岛校区教学科研楼的改造工程事宜，明确不允许搬迁试剂的要求。

3 月 15 日，党政联席会议明确环境楼、老数学楼、文史楼的搬迁时间节点和步骤，并召开系（所）主任、所长、党支部书记会议进行布置。

4 月 2 日，党政联席会议讨论教学科研楼行政办公设备的配套以及行政办公人员的办公室分配问题。

4 月 2 日 4 辆车，4 月 10 日 6 辆车，4 月 12 日 6 辆车，4 月 18 日 6 辆车，4 月 25 日 4 辆车，包含物资、仪器设备 133 件。此批次大规模搬迁的完成，标志学院主体搬迁顺利完成。

6 月 13 日 5 辆车，物资、仪器设备 121 件。

9 月 11 日 6 辆车，物资、仪器设备 37 件。这批物资的到位标志着学院整体搬迁工作全部完成。

2018 年 5 月，学院整体搬迁青岛

师资

在职教工 71 人，其中教授 23 人，副教授、副研究员和高级工程师 32 人，博士生导师 26 人。倪寿清(破格)晋升为教授四级岗。

加拿大工程院院士 1 人，“长江学者”特聘教授 1 人，泰山学者特聘教授 1 人，山东省“外专双百计划”特聘教授 1 人，国家优秀青年基金获得者 1 人，国家万人计划 1 人，国家“青年千人计划”2 人，教育部新世纪优秀人才 5 人。

实施学校人才体系建设。根据《山东大学杰出人才体系建设方案》和《山东大学 2017 年杰出人才体系遴选办法》，学校发布《关于公布山东大学杰出人才体系入选名单的通知》(山大字〔2018〕12 号)，闫兵入选“长江学者”特聘教授，洪静兰、张晓东、赵珊、裴海燕入选山东大学杰出青年。

学校发布《关于公布第四批“山东大学青年学者未来计划”培养人选的通知》(山大人字〔2018〕77 号)，许醒入选。

学科

5 月，学院顺利整体搬迁青岛校区后，办学条件得到大大改善与提升。拥有 8 个科研教学平台、9 个专业实验室，实验室面积 3000 多平方米，各类大型精密仪器设备价值 4000 余万元，形成了“人才培养－科学研究－社会服务”完善的平台体系。

根据学科现状，学院确定了事业发展新目标，即“建设国内一流、国际上有影响的环境学科”。围绕这一目标，实施开放式发展、人才队伍和教育创新“三大”战略，贯彻“以人为本，以师生为中心，以学术为主导”的管理理念。

按照“以改革求发展，以制度创新为动力”的发展思路，完善了教学体系和科研组织，组建了山东大学大气气溶胶模拟实验室，成立了中加能源环境与可持续发展研究中心，成立了山东大学—国辰集团环境工程设计院。

教学

积极推进“三跨四经历”和“暑期学校”计划，继续在本科新生中推行导师制，完善“知识学习和人格培育”两大人才培养体系，人才培养质量显著提高。

“环境与健康菁英班”实践成果《科教融合创新本科人才培养新模式的理论与实践——环境与健康菁英班》获山东省教学成果二等奖，完成人：刘汝涛、江桂斌、刘春光、张爱茜、王斌、曹青。

“亚洲校园”项目顺利启动，顺利通过教育部组织的中期评估。与法国奥尔良大学签署了交流合作协议，每年选派 3 名研究生访学半年。

以院/企合作为主线的国内合作取得明显成效。与十余家公司建立了长期合作关系，与国内多家企业签订协议并建立了学生实习基地，每年有百余人在实习基地实习或见习。

山东大学生态环境未来科学营实践活动

学术与科研

坚持开放办学，形成了多形式、多渠道、多层次的对外交流与合作办学格局。学院与多个国家和地区的多所大学、科研机构、环保企业建立了合作关系。据统计，2014 年以来，有近两百人出国(境)交流与合作、国外和港澳台专家来访或合作研究，每年都有 2 名青年教师赴国外做访问学者，进行为期 1 年以上的科学研究工作，教师学术视野和科研能力得到较大提升。

7 月，承办了第 11 届先进环境与能源工程技术论坛。10 月，承办了能源、环境和电气工程先进技术国际会议。11 月，承办了第 24 届中国大气环境科学与技术大会暨中国环境科学学会大气环境分会 2018 年学术年会。两次会议都邀请了一批海内外知名学者到会作大会报告。

高宝玉入选爱思唯尔发布的 2018 年中国高被引学者(环境科学领域)榜单。

高宝玉 2018 年担任《环境科学》编委(2018.12～)和《土木与环境工程学报》编委。

崔兆杰自 2018 年 3 月起兼任山东省政协人口资源环境委员会特聘专家，5 月起兼任第二届全国产品回收利用基础与管理标准化技术委员会(SACTC415)委员，9 月担任第 6 届国际产业生态学会亚太会议学术委员会专家。

崔兆杰申报的国家重点研发项目“农产品产地环境评价分级与保护改良共性标准研究”获批立项。

张建申报的国家自然科学基金委国际合作重点项目“基于植物资源化的吸附强化型人工湿地及其 PAHs 去除特性研究”获批立项。

刘汝涛与南开大学联合主持国家基金委与山东省联合资助的重点项目。

获省部级科技成果奖 2 项。王曙光“功能材料微界面调控及与水环境中微量污染物的作用机制研究”项目，获教育部高等学校科学研究优秀成果二等奖(自然科学)。崔兆杰“黄河三角洲深层卤水高效开采关键技术与产业化应用”项目，获山东省科学技术二等奖。

学生

2018 年招收本科生 108 人、硕士研究生 86 人、博士研究生 21 人。

2018 届本科生毕业 101 人，其中就业 73 人，升学 43 人，出国 6 人。深造率达48.51%，8 人被世界知名高校录取，包括斯坦福大学、耶鲁大学、圣路易斯华盛顿大学、东京大学等。24 人推免，被保送至北京大学、清华大学、中国科技大学、山东大学等高校。本科生就业率为 92%，研究生就业率为 98%。

坚持把学生思想政治教育工作摆在人才培养工作的首位。2018 年，学院进一步加强书院制背景下辅导员工作制度，积极组织辅导员进课堂、进宿舍、进操场、进网络，及时了解学生学习情况、思想动态、生活环境，帮助学生解决问题，克服困难。面对有学业压力、心理问题的学生，学院辅导员密切关注其发展动向，定期在书院办公室与学生进行谈心谈话，切实了解学生思想状况，培育学生健康向上的价值观。

山东大学（青岛）学生军训合影

通过几年的实践培育，形成了一批有特色的学生社会实践项目，如“环保进小学”“爱的火炬手”“生态小区”“湿地使者”“绿色小超人”。清泉环保协会被评为山东大学志愿服务四星级团队。新成立“初光”环保宣讲支教队，暑期赴莒县开展支教与环保宣传活动，该团队获评青岛市大中专学生志愿者暑期“三下乡”社会实践优秀服务队。

5 月，2017 级本科生葛书涵获 2018 年全国大学生环保知识竞赛优秀奖；9 月，2016 级本科生王彦婷获评国家级社会实践优秀团队成员；9 月，2016 级本科生王志杰获评 2018 年山东省大中专学生志愿者暑期“三下乡”社会实践优秀学生；9 月，2016 级本科生刘文瀚获评青岛市“三下乡”社会实践优秀学生；9 月，党委副书记王斌获评山东省大中专学生志愿者暑期“三下乡”社会实践优秀指导教师。

2017 级本科生蒋超获第四届环境类大学生科技作品竞赛一等奖；2016 级本科生李会会获山东省第四届环境类专业大学生科技竞赛调研报告特等奖；2016 级本科生王志杰获山东省第四届环境类专业大学生科技竞赛学术论文类特等奖；2016 级本科生舒钊获山东省生物学大赛二等奖。

学校发布《山东大学关于公布 2018 年国家级大学生创新创业训练计划立项项目的通知》，王志杰（项目负责人）、李萍、刘文瀚、卢泊冰 、冯鑫的“生物炭介导的鸡粪厌氧消化产甲烷的工艺优化”，袁腾杰（项目负责人）、王茜、柏茂颖、王云鹏的“基于物联网的石墨生产减排系统”，王睿（项目负责人）、徐茜茹、陈玉龙、邓仁全、王子航的“秸秆纤维素/羽毛蛋白基金属离子印记水凝胶（SC/FKIIH）的制备与相关机理研究”入选。

学校发布《2018 山东大学研究生优秀学术成果奖获名单》，李涛获二等奖，郭宁、张馨文、邵欠欠获三等奖。

学校发布《关于表彰 2018 年山东大学优秀博士、硕士学位论文奖获得者及其指导教师的决定》，夏鹏飞的《酿酒酵母循环利用二氧化碳高效合成生物乙醇的研究》被评为优秀博士学位论文；孙娇的《一株红球菌（Rhodococcus sp. strain p52）二噁英降解质粒的接合转移、稳定性及降解功能研究》、陈姝芮的《华北平原冬季常见灰霾中有机气溶胶单颗粒的研究》被评为优秀硕士学位论文。

学校发布《山东大学关于表彰2018年度研究生国家奖学金获得者的决定》，博士研究生张旭、金岩、王文语和硕士研究生刘晓伟、郑旭阳、姜丽萍、郭雅丽7人获得国家奖学金。

学校发布《山东大学关于表彰2018年度校长奖获得者的决定》，2015级博士研究生张旭、2017级硕士研究生郭雅丽获校长奖学金。

博士研究生宋雯获2018年“奥加诺（水质与水环境）奖学金三等奖”、北京大学“唐孝炎环境科学创新奖学金”和山东大学学生“五四”青年科学奖。

刘家琪、孟启炜、吕振婷、武亦文、陈文秀、孟凡丽、陈子涵、王阔阔、沈文婷、徐知之、黄兆松、李瑞华、李云飞、王振德、孙翔、王玉婷、孙炯明、杜延青、茹东云、孙春意、任中飞被评为山东大学优秀毕业生。

罗婷婷和李敏英赴西部就业、程一倩到重点行业就业，受到学校表彰。

2019：人才新增四位“大将”，学科谋划启新篇

综述

领导班子带头增强“四个意识”，坚定“四个自信”，做到“两个维护”，遵守党章党规党纪，自觉贯彻执行中央八项规定精神及实施细则，始终在思想上、政治上、行动上同以习近平同志为核心的党中央保持高度一致。积极开展“不忘初心，牢记使命”主题教育，坚持“立德树人”标准，围绕“双一流”建设目标，以“由大到强”历史性转变为工作重点，积极谋划学院长远发展，在学科建设、人才培养、科学研究、社会服务等方面实现了新的突破。

贯彻民主集中制，严格按程序决策、按规矩办事。本年度召开党政联席会议 17 次，集中研讨发展改革中亟待解决的问题，突出大项目，谋划大平台，凝练大成果，争取更多国家级资助项目。主题教育期间领导班子认真听取广大教职员工的意见，对现有问题制定整改台账，提出解决时限，对无法及时解决的问题，做好各个环节的思想工作，激发干部职工干事创业的积极性，落实意识形态和安全稳定责任制。

学生党建积极探索并完善“党员骨干联系制度”，组织召开学生党建工作交流会，组织参观遵义会议“伟大转折”主题展览、周浩然烈士文化园，参加“不忘初心、牢记使命”主题教育暨升国旗等活动。

3月22日，学校党委发布任职通知：蔡勇任院长，景传勇任副院长。

蔡勇，男，1961年生，山东青岛人。南开大学博士，主要研究方向为环境化学。国家杰出青年科学基金获得者、长江学者、国家“千人计划”专家。2012年至今，中国科学院海外评审专家。2005年至今，国家自然科学基金会化学部项目专家评审组成员。2010年至今，中国科学院生态环境研究中心研究员，环境化学与生态毒理学国家重点实验室学术委员会委员。2014年至今，香港浸会大学环境与生物分析国家重点实验室学术委员会委员，*Journal of Environmental Sciences* 副主编，《环境化学》编委，《科学通报》编委。

景传勇，男，1972年生，山东济南人。美国史蒂文斯理工学院博士毕业，研究方向为环境科学。国家“万人计划”科技创新领军人才、国家杰出青年基金获得者，中国化学会环境化学专业委员会委员，中国环境科学学会环境化学分会副主任委员，《环境化学》《科学通报》、*Journal of Environmental Sciences* 编委。

学科

2019年山东大学环境学科进入 ESI 世界排名前0.5%，较去年同期上升62名。

2019年软科中国最好学科排名发布，环境科学与工程学科成为山东大学进入全国排名前10%的16个学科之一。

围绕国家重大战略需求，成功申报教育部“南水北调东线河湖生态健康野外科学观测研究站”，并申报国家野外科学观测研究站。

8月10日，山东大学环境学科战略咨询委员会成立，并举行第一次会议。委员会由八位院士组成，中国工程院院士、清华大学郝吉明教授受聘主任委员，中国科学院院士、中国科学院生态环境研究中心江桂斌研究员受聘副主任委员。会议厘清了山东大学环境学科发展思路，凝练了学科发展方向。环境化学与生态毒理学国家重点实验室——山东大学联合研究中心瞄准国际科学前沿和国家战略需求，向一流人才汇聚平台、交叉创新平台、学科支撑平台、人才培养基地、成果产出平台迈进。典型污染物的环境过程与健康危害山东省重点实验室聚焦国际学科发展前沿和国家环境与健康研究的重大需求及山东经济高速发展带来的环境、健康问题，推动环境科学、地球科学、生物学、毒理学和医学等交叉性学科协同发展，为山东省环境与健康研究发展提供开放型科研及研发应用基地。

山东大学环境科学与工程学院战略咨询委员会成立大会暨第一次会议

人才

学院将“杰出人才引进”和“科研平台建设”紧密结合，实现杰出人才在山大快速扎根、凝聚团队。本年度新增国家级杰出人才 4 人（加拿大工程院院士黄国和，国家“千人计划”特聘专家蔡勇，国家杰出青年基金获得者景传勇、张建）。引育“青年泰山学者”“齐鲁青年”等科技人才 5 人（何作利、倪寿清、孙波、闫震、王新波）。

学校对 2018 年实施的人才体系建设方案进行了修订，学校发布《关于公布 2018 年度山东大学杰出人才体系入选名单的通知》（山大字〔2019〕8 号），高宝玉、张建入选第二层次“特聘教授”。

学校发布《关于公布第五批“山东大学青年学者未来计划”培养人选的通知》（山大人字〔2019〕72号），何作利教授入选。

教学

本科生：(1)教育部办公厅公布2019年度国家级和省级一流本科专业建设点名单，山东大学环境工程专业入选国家级一流本科专业建设点。山大共30个本科专业入选。环境工程专业还是国家级特色专业、山东省重点学科。(2)成立学院教学指导委员会，出台本科毕业设计（论文）管理条例等制度，教学管理更加规范。(3)本年度获批4项校级教育教学改革项目，增设院级教改项目5项。举办暑期“全国优秀大学生夏令营”。(4)举办“山东大学生态环境未来科学营”（省内外33所重点高中的56名优秀高中生参加），提供高考集中咨询，推进优秀生源基地建设等，获得“山东大学本科教育拓展奖”。(5)岳钦艳教授的《环境类主干课程教学体系建设及创新——基于〈固体废物处理处置与资源化〉课程的实践教学体系建设》获2019年教学成果二等奖。(6)2019年2月，吴兰艳、王勇、倪寿清的普通高等院校“十三五”规划精品教材《环境工程原理》由天津科学技术出版社出版。(7)院实验教学中心代表学校和学院，首次与两家驻青企业签署了面向环境工程专业本科生的教学实习基地建设协议，也即《山东大学——青岛百发海水淡化有限公司校企共建实习教学基地建设协议》和《山东大学——山东青岛引黄济青水务有限责任有限公司山东青岛棘洪滩水厂（水库）校企共建实习教学基地建设协议》，为搬迁青岛后的本科生教学实习提供了便利与保障。

研究生：学院发布《关于公布2020年招收博士生人员名单的通知》，高宝玉、崔兆杰、王艳、李力、王曙光、张建、裴海燕、洪静兰、许春华、张晓东、周维芝、闫兵、任丽军、刘汝涛、岳钦艳、苏继新、梁爽、高灿柱、李善评、李倩、倪寿清、袁宪正、王志宁、赵珊、胡振、刘春光、曾阳、武艳、王允坤、牛启桂、黄理辉、蔡勇、景传勇、黄国和、哈特穆特·赫尔曼(兼)榜上有名，共计 35 人。

学校发布《关于调整校学位评定委员会及基层学位评定分委员会组成人员的通知》，蔡勇任主席，张庆竹任副主席，委员主要有王艳、王文兴、王志宁、王曙光、苏继新、张建、赵珊、高宝玉、景传勇、薛丽坤。

学校发布《山东大学关于公布首届研究生教育教学优秀成果培育计划项目立项的通知》(山大研字〔2019〕33 号)，高宝玉的“环境工程硕士专业学位研究生课程教学案例库建设”入选。

学校发布《关于表彰山东大学第十一届“我心目中的好导师”荣誉获得者的决定》(山大研字〔2019〕40 号)，王艳教授入选(全校 11 人)。

赵珊教授被评为山东大学青岛校区“书院十佳导师”。

第十一次亚洲校园圆桌会议

8 月 18 日，中日韩“亚洲校园”项目第十一次圆桌会议在山东大学青岛校区举行。环境学院副院长胡振主持会议。2019 年度，我校共有 49 名同学参与该项目，并通过该项目资助了 12 名日韩留学生来华交流。

学术与科研

组织承办了国家自然科学基金重大研究计划“大气细颗粒物的毒理与健康效应”年度学术交流。主办了第十八届山东省高校环境学科建设发展研讨会，深入探讨高校环境学科发展的新思路、新理念。主办了2019年国际资源与环境研究会议（ICRER），增进了国内外高校、科研机构的相互了解。推进前沿交叉科学研究发展，培育“新兴污染物的环境效应与调控”山大青年交叉科学创新群体一个。开展“新境界”系列学术讲座。

2019年，高宝玉入选爱思唯尔发布的2016年中国高被引学者（环境科学领域）榜单。

崔兆杰自2019年6月兼任山东省政协农业和农村委员会特聘专家。

崔兆杰自2019年6月兼任山东大学中意绿色发展研究中心主任。

本年度，国家自然科学基金立项经费增长160%。张建获国家自然科学基金委杰出青年基金资助。周维芝、袁宪正申报的国家基金委与山东省联合资助项重点项目获批立项。获得面上项目4项、青年科学基金项目2项。截至12月31日，全年实到科研经费4264.52万元，其中纵向经费1904.14万元，横向经费2360.38万元。申请国家专利40余项，获得授权发明专利26项。

积极参与“服务山东”战略，获得山东省重大科技创新工程项目1项，立项金额500万元。获批山东省重点基础研究项目2项、山东省重点研发计划3项、山东省自然科学基金5项。与山东泰和水处理科技股份有限公司、山东佰世达木业有限公司构筑企业合作新模式，获得产学研经费2200万元。

校领导受邀参加泰和科技成功上市仪式

12 月 5 日，受学院研发团队技术支撑的山东泰和水处理科技股份有限公司在深交所 A 股上市。青岛校区副校长韩明涛、学院常务副院长张建和高灿柱教授受邀参加在深交所举行的上市仪式。产品全国市场占有率超过 50%，被工信部认定为制造业单项冠军培育企业。为进一步加强双方的合作，学校与山东泰和水处理科技股份有限公司联合成立了山东大学－山东泰和水处理科技股份有限公司环境技术研发中心。共建研发中心第一期合作期限为 5 年，山东泰和水处理科技股份有限公司提供总额 1000 万元校企项目横向合作经费。双方将在环境污染防治的新技术新材料、环境生物技术、膜技术和膜材料、绿色水处理技术及材料等方面进行深度合作，实现共赢发展。在人才培养与交流方面，山东泰和水处理科技股份有限公司将优先接纳山东大学毕业生进行生产实训和就业。泰和水处理公司每年捐赠 10 万元设立“泰和水处理奖学金”。

深化国际合作。成立山东大学中加能源环境与可持续发展联合研究中心、山东大学中意绿色发展研究中心。崔兆杰、刘汝涛和曾阳等获聘“国际合作联络教授”。邀请海外知名学者来作学术报告、讲座、授课达23人次，派出、接收交流学生达19人次。续签与法国奥尔良大学的联合培养协议，“亚洲校园”项目顺利推进。

获得省部级科技成果奖5项。闫兵“典型纳米材料的生物效应及调控方法原理”项目，获山东省自然科学一等奖。张建“基于生物调控的人工湿地水质净化关键技术与应用”项目，获教育部高等学校科学研究优秀成果奖一等奖。高宝玉“农作物秸秆基吸附材料的制备、性能和作用行为研究”项目，获教育部高等学校科学研究优秀成果二等奖（自然科学）。周维芝“高盐水营养物及重金属生物处理与调控理论”项目，获山东省自然科学奖二等奖。崔兆杰“尾矿库生态修复技术应用研究”项目，获中国冶金矿山企业协会冶金矿山科学技术三等奖。

高宝玉获得2019年中国产学研合作创新奖。

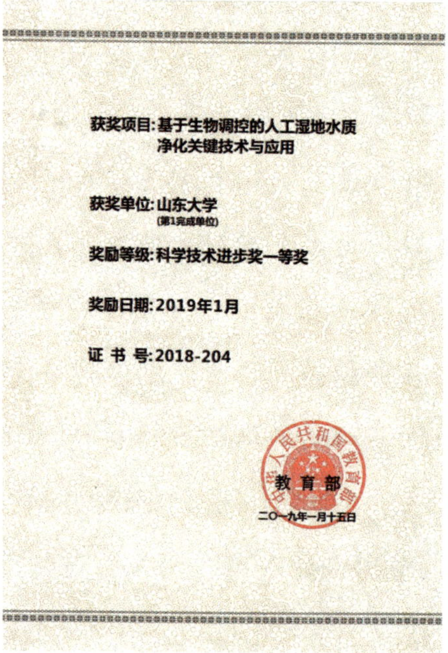
获奖项目:基于生物调控的人工湿地水质净化关键技术与应用

获奖单位:山东大学
(第1完成单位)

奖励等级:科学技术进步奖一等奖

奖励日期:2019年1月

证 书 号:2018-204

教育部
二〇一九年一月十五日

科学技术进步奖一等奖证书

学生

研究生招生人数为历年最高，其中硕士研究生 98 人，博士研究生 28 人。2019 届本科毕业生 94 人，硕士毕业生 63 人，博士毕业生 18 人。

“初光支教与环保宣传”在山东大学首届“一院一品”校园文化建设项目评审中获得立项。

4 月 25 日，“师者故事”系列讲座第一讲举行，高灿柱教授分享了他与企业合作的故事。“师者故事”系列讲座是学院打造的旨在开拓学生思路、开阔学生视野、助力学生成长的品牌活动，主要邀请学院老师、校友、企业负责人等与学生分享科研、创业故事，计划每月组织一期，获得了业界的广泛认可。

学院获评“山东大学 2019 年引导毕业生赴基层就业先进单位”。贾甜甜、马喆两名毕业生赴西部就业，陈桐、陈月冬、贾晨号、米雪、妥韶珺、王晓东、杨冬璐、张生荣 8 名毕业生赴基层就业，受到学校表彰。

科研育人特色凸显。2019 年度本科生发表 SCI 论文 16 篇，其中 2016 级本科生陈诚和 2017 级本科生赵树南在环境及工程技术类顶级期刊上发表第一作者论文；2016 级本科生陈诚、袁腾杰、倪睿和 2017 级本科生葛书涵获第十六届“挑战杯”全国大学生课外学术科技作品竞赛决赛二等奖（近 5 年最好成绩）；2017 级本科生曲兆年获外研社“国才杯”全国英语写作大赛一等奖（青岛校区唯一）；获第十届大学生节能减排社会实践与科技竞赛特等奖 1 项、二等奖 7 项、三等奖 5 项、优秀奖 3 项；参与 2019 年国家级大学生创新创业训练计划，获国家级立项 1 项。

第十六届“挑战杯”全国大学生课外学术科技作品竞赛参赛学生

学生德智体美劳全面发展。2016 级本科生王忠玮获 2019CBDF 中国杯国标舞巡回赛业余成人组桑巴女单第一名；本科生李会会、博士生宋雯被评为“山东省优秀学生”，本科生王伟被评为“山东省优秀学生干部”，研究生董泽正被山西省团委评为“优秀支教志愿者”。院篮球队获山东大学第十六届研究生篮球赛青岛赛区冠军，院排球队获“山大杯”排球赛总决赛第四名，博士生纪明德获山东大学青岛校区乒乓球赛单打冠军。硕士生董泽正获山东大学研究生道德风尚奖。博士研究生马逍天获山东大学第十届“五四”青年科学奖。

山东大学环境科学与工程学院 2019 暑期夏令营

学校发布《关于公布2019年山东大学研究生优秀学术成果奖》，金岩、任崇洋获二等奖，马逍天获三等奖。

学校发布《关于表彰山东大学第二届研究生学术之星奖获得者的决定》，杨志刚获提名奖。

学校发布《关于表彰山东大学2019年本科优秀毕业论文（设计）作者及指导教师的决定》，王思远的《磁性沼渣生物炭的制备及其对水中铜、铅离子去除性能的研究》、刘晓莉的《小分子抑制剂对耐药细菌生物膜形成及耐药基因接合转移影响研究》获此殊荣。

学校发布《关于表彰2019年山东大学优秀博士、硕士学位论文作者及指导教师的决定》：徐杭州的《饮用水厂含蓝藻底泥特性及脱泥水回用安全性研究》，获山东大学优秀博士学位论文。任少杰的《功能纳米材料膜修饰及其对新兴污染物抗性基因的强化去除》，获山东大学优秀硕士学位论文。

学校发布《山东大学关于表彰2019年度校长奖获得者的决定》，2016级博士研究生马逍天、2017级硕士研究生宋柳莹、2016级本科生陈诚等3人获此殊荣。

孙林潇等5名本科生、6名硕士生、2名博士生获国家奖学金。

学校发布《山东大学关于表彰2019届优秀毕业生的决定》，省优秀毕业生主要有郑宏岑、任雨萱、石妍琦、李菲菲、王伟、张珊珊、苏瑞典、邵莹莹、张北；校优秀毕业生主要有王伟、任雨萱、郑宏岑、石妍琦、李菲菲、梁莹、刘晓莉、李时畅、王思远、刘鹤、邵莹莹、苏瑞典、张珊珊、王馨蕾、杨诗慧、赵玉、晋童、张北、刘华清。

2020:"新冠"改变了世界,学院变中求进

综述

在抗击新冠肺炎疫情斗争中,学院党委认真贯彻习近平总书记重要指示精神,严格落实党中央、教育部、各级政府和学校有关工作部署,把打赢疫情防控阻击战作为重大政治任务来完成,统一思想和行动,坚决落实党中央决策部署。明确工作职责,细化工作任务,保证防疫工作有序开展,保证教学科研工作顺利进行。

充分发挥党支部和党员骨干的作用,及时掌握师生假期动向和健康状况。线上线下相结合,全面摸排,建立动态台账,严格执行"日报告""零报告"制度。借助学生党支部、班委联系制度,发挥研究生导师、辅导员协同育人机制作用,通过电话、微信、QQ等多种途径,对学生疫情期间的行程与健康状况进行全面排查。针对湖北籍学生、留校学生等重点群体的身体情况实行"每天联系、每天上报"的工作机制,针对国际学生群体做好疫情防控信息畅通保障工作,做到及时询问,及时解惑,对重点人群精确辅导。

建立网上沟通机制,切实做好师生思想政治工作。及时发布官方疫情信息、防控措施,加强舆论引导和舆情监管。每天通过微信群组、邮箱向每一名

师生传达有关文件精神和防控要求，联防联动，有效应对突发状况。领导班子成员、学生工作团队通过微信、电话等多种途径引导师生主动做好防护工作，指导师生合理安排假期生活。对疫情期间存在恐慌和困惑的学生，通过视频的方式开展心理疏导，做到24小时全天在线。学院网站增设就业专栏，推送80多条就业信息。山大新闻网发表稿件104篇，山大日记302篇。

《关于表彰2020年度山东大学优秀教师、先进教育工作者和先进集体的决定》：授予环境科学与工程学院"山东大学先进集体"荣誉称号。

师资

截止2020年底，事业编教工89人。专任教师63人，其中教授、研究员39人，副教授、副研究员20人，助理研究员4人。博士生导师42人。

王志宁同级转聘教授四级岗，黄理辉、王允坤（破格）晋升为教授四级岗，常景彩晋升为研究员，宋超晋升为副教授三级岗。

2020年度新增"青年泰山学者"吴海明教授、"齐鲁青年学者"夏鹏飞教授。全职引进国家"千人计划"高层次外国专家、山东省"外专双百计划"特聘教授哈特穆特·赫尔曼。培育山东省杰出青年基金获得者王允坤教授、山东省优秀青年基金获得者胡振教授。高灿柱教授获"泰山产业领军人才"称号。

学校发布《关于公布2019年度校内齐鲁青年学者及杰出人才体系直接认定人选名单的通知》（山大人字〔2020〕8号），张建入选第一层次"特聘教授"。

经过20年的发展，学院拥有了一支爱岗敬业、在国内外学术界有影响力的师资队伍，其中高端人才有加拿大工程院院士黄国和，"长江学者"特聘教授蔡勇、黄国和、闫兵，国家杰出青年基金获得者蔡勇、黄国和、景传勇、张建，国家海外高层次人才引进计划入选学者蔡勇、黄国和，国家"万人计划"入选者张建，国务院政府特殊津贴专家高宝玉、岳钦艳、崔兆杰；国家优秀青年基金获得者裴海燕，国家海外高层次人才引进计划青年项目学者张晓东、赵珊；山东省"外专双百计划"特聘教授哈特穆特·赫尔曼，"泰山学者"特聘教授高宝玉，泰山产业领军人才高灿柱，教育部海外名师项目专家金波（Bo Jin），教育部“高端外国专家”特聘教授乔治·克里斯汀（George Christion），教育部新世纪优秀人才支持计划：王睿、刘汝涛、王曙光、张建、裴海燕，山东省有突出贡献的中青年专家高宝玉、王曙光、裴海燕，山东省泰山学者青年专家孙波、何作利、倪寿清、吴海明，山东省杰出青年基金获得者王曙光、张建、倪寿清、袁宪正、王允坤，山东省优秀青年基金获得者胡振。

学科

从建院之初的一个环境工程本科专业和一个硕士学位授权点，经过20年的不断发展，现在已拥有环境科学与工程一级学科博士点、环境科学与工程博士后流动站，建立起了完整的涵盖环境科学与工程一级学科学士、硕士、博士、博士后的人才培养体系。环境学科已列入山东大学“学科高峰计划”重点学科规划，是国家“双一流”学科“化学与物质学科”的重要组成部分。2020软科中国最好学科排名中，山大环境科学与工程环境学科排第16位，稳定在前10%。

学院现设有环境科学、环境工程两个专业。2011年环境工程被评为国家级特色专业，2019年入选首批国家级一流本科专业建设点，所授学位为工学学士。环境科学本年度入选山东省一流本科专业建设点，所授学位为理学学士。

拥有山东省水环境污染控制与资源化重点实验室、教育部南水北调东线河湖生态健康野外科学观测研究站、山东省水污染控制工程技术研究中心、山东省环境科学工程技术研究中心、山东省中美环境与健康技术合作研究中心5个省部级科研平台。

12月16日，山大环境学科战略咨询委员会第二次会议在青岛召开。与会委员提出了诸多建议，重点是构建长远规划和阶段性目标相结合的学科发展布局，继续加强优势学科方向，进一步彰显山大特色，充分发挥综合性大学的学科交叉优势，重视交叉创新团队和平台建设，设计规划几个有潜力的学科方向；建议学校从人才引进、科研空间、博士生指标、学科建设经费等方面给予环境学科更大支持；创新教学理念，强化课程建设，避免同质化，构建具有学科特色的本科生和研究生人才培养模式；充分发挥区位优势，在山东环境问题、黄河流域生态保护和国家海洋环境领域谋划布局，实现重大项目突破，为山东省乃至周边省份的发展作出突出贡献。名誉院长江桂斌指出：中共十九届五中全会为生态文明发展指明了方向，“十四五”时期山大环境学科机遇与挑战并存，要不断向与会委员、专家学习好经验、好做法，找到学科发展中存在的问题和着力改进的方向。

教学

2020年，疫情给教学计划带来新的挑战。为保证教学质量不减、标准不降，根据学校精神和本科生院、研究生院工作安排开展相关宣传培训。组织授课教师学习网络授课技术，保持授课教师之间的沟通和联系，确保“教师不停教”“学生不停学”，鼓励本科生导师、研究生导师充分利用即时通信工具、网络资源平台等信息化技术对学生进行远程指导。博士生共发表SCI论文33篇，硕士生共发表SCI论文31篇。

学院发布《2021年招收博士生人员名单》，许春华、苏继新、高宝玉、崔兆杰、王艳、任丽军、高灿柱、李玉江、李善评、李力、王曙光、张建、王睿、周维芝、刘汝涛、闫兵、黄理辉、裴海燕、梁爽、李倩、王新华、洪静兰、常景彩、倪寿清、胡振、王允坤、曾阳、武艳、袁宪正、赵珊、牛启桂、王志宁、哈特穆特·赫尔曼（兼）、张晓东、蔡勇、景传勇、黄国和、闫震、王新波、何作利、孙波、张林波入选。

根据山东大学《关于报送2020年度实习教学工作总结和评选年度实习教学工作先进单位的通知》精神，在学院自查自评的基础上，学校组织专家组并通过查阅学院推荐材料、听取工作汇报、检验实习报告和综合评议，最终评选本院为2020年度实习教学工作先进单位。

学校发布《山东大学关于表彰2020年度青年教师教学比赛获奖教师及优秀组织单位的决定》，宋超获一等奖，徐世平获二等奖。

获批“国际学分一学生海外经历”校级项目资助4项、院级项目2项。山东大学一奥尔良大学联合培养项目继续派出学生3人，种子基金项目派出学生2人。国际研究生数量持续增加，其中博士生9人，占90%，生源从巴基斯坦拓展到俄罗斯、埃及等国家。利用“海外师资”“教学流动岗”“种子基金”项目邀请国外和港澳台知名学者进行学术报告、专题讲座和授课。

2月26日，学院首届“亚洲校园”双学位硕士项目学位论文答辩会顺利举行。获批研究生国际化课程1项。举办2次线上重要国际会议。邀请23位科研教育第一线专家学者加盟“新境界”系列学术讲座。

学术与科研

学校发布《关于公布山东大学学术委员会、学术道德委员会、学部学术委员会及基层学术委员会委员名单的通知》（山大字〔2020〕22号），张建任主任，王曙光任副主任，委员有王志宁、王曙光、许春华、苏继新、李力、李玉江、张建、周维芝、洪静兰、梁爽、蔡勇、裴海燕。

高宝玉、岳钦艳、张建、刘汝涛入选爱思唯尔发布的2020年中国高被引学者（环境科学领域）榜单。

崔兆杰自2020年12月起兼任中国循环经济协会工业园区绿色发展分会专家委员会委员。

许春华自2020年12月起兼任山东省生态环境战略咨询专家委员会委员。

2020年，国家基金委立项数和直接经费总额再创新高。立项19项，其中重点支持项目2项，立项率达40.43%，全校排名第2。截至12月31日，本科年度科研经费到账总额3839.9109万元。

获授权专利32项，收录SCI论文194篇。向学校输送8项优秀科研成果作为重点推介转移成果。

学院牵头的“新兴污染物的环境效应与调控”青年交叉科学创新群体学术成果在《自然纳米技术》（*Nature Nanotechnology*）等期刊相继发表。

王允坤副教授的学术专著在施普林格·自然（Springer Nature）出版发行。全书共分七大部分，内容涵盖污水资源化处理过程中的电化学膜技术理论、生物电原位利用方法、膜污染原理和控制机制、污水中资源回收方法和策略等。

获得省部级科技成果奖 5 项。高宝玉“生物质基环保功能材料的制备及应用基础研究”项目，获得山东省自然科学二等奖。崔兆杰“深层卤水高效钻采输提关键技术及产业化综合利用”项目，获国土资源科学技术二等奖。崔兆杰“基于酸性土壤改良的农林废弃物处理关键技术体系与应用”项目，获山东省科技进步二等奖。倪寿清“基于酸性土壤改良的农林废弃物处理关键技术体系与应用”项目，获山东省科技进步二等奖。倪寿清“发酵等行业高浓度氨氮废水高效厌氧脱氮技术与装备应用”项目，获中国轻工业联合会科技进步二等奖。

张建教授获中国环境科学学会授予的“最美生态环境科技工作者”称号。

2020 年 9 月，倪寿清教授的“一种快速启动厌氧氨氧化耦合亚硝化反应的反应器及快速启动方法”和“一种基于灭活污泥的厌氧氨氧化快速强化启动方法”两项发明专利实现科技成果转化收益 50 万元。

拓展校地校企合作，为服务山东作贡献。与菏莱壹号（菏泽）生态农业发展有限公司拟建“智能农业环保智慧装备研究院”。与烟台开发区政府、冰轮环境组建冰轮海卓氢能技术研究院。推动建设中法生态环保产业技术研究院。推动“煤基环境功能材料绿色转换过程技术专利工艺包”的成果转化进程。与华润环保发展有限公司、山东公用控股有限公司拟签订校企合作框架协议。

学生

本科生招生 107 人，硕士研究生 100 人，博士研究生 24 人。截至年底，在校生达 724 人，其中本科生 365 人，硕士研究生 293 人，博士研究生 66 人。

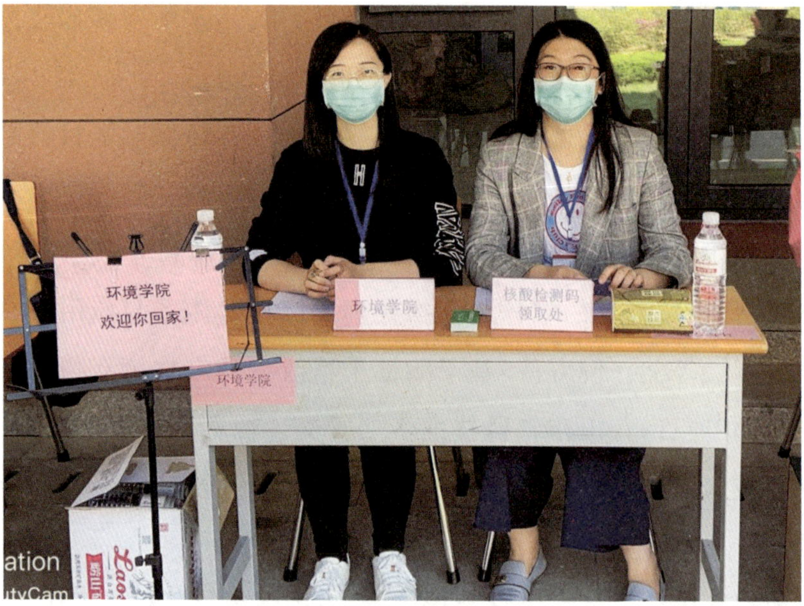

学院积极开展疫情防控工作

疫情期间开展的运动打卡、读书交流活动获评“优秀组织单位”。学生会与研究生会多次通过微信群组、公众号等平台推送了《“新型冠状病毒感染的肺炎”预防指南》《硬核科普|关于 2019－nCoV 科研小斯们应该了解这些》等疫情防控专题文章，普及了相关科学知识，为如何应对疫情、合理规划假期时间提供了帮助。学生各班级、团支部积极组织“防控疫情、从我做起”等主题团日活动，开展疫情防控专项学习、健康打卡等活动，丰富了学生的假期生活。

山东大学环境科学与工程学院第一次学生代表大会

12 月 13 日，组织召开了具有里程碑意义的学院第一次学生代表大会。大会的召开，不仅完善了治理体系，也是基层学生组织蓬勃发展的标志性成果。

“初光”支教与环保宣讲团集体和王斌副书记、张可心同学分别获大学生社会实践省级荣誉。“初光”支教与环保宣讲团成立于 2018 年 4 月，是学生自发组织的以支教与环保宣传为特色的志愿服务群体，入选山东大学 2019 年首届“一院一品”校园文化建设项目。2020 年 4 月 10 日，“初光”支教团专题网页正式推出。

院篮球队在“思壮杯”研究生篮球赛中卫冕冠军，1 人获“思壮杯”乒乓球比赛单打冠军。

2018 级本科生李欣、田克芳、范纪浩获 2020 年国家大学生创新创业训练计划项目学术成果奖。

1 人获校“五四”青年科学奖。

1 人在国际顶级学术期刊《自然纳米技术》发表论文。

硕士生高绪艳以第一作者身份在环境领域著名期刊《环境科学与技术》(*Environmental Science & Technology*)上发表论文“Surface Modulation and Chromium Complexation: All-in-one Solution for the Cr(Ⅵ) Sequestration with Bifunctional Molecules”，并被选为封面文章。

学校发布《关于公布山东大学 2020 年研究生优秀学术成果奖获奖名单的

通知》，冯立娟的“Nanoplastics promote microcystin synthesis and release from cyanobacterial Microcystis aeruginosa”获一等奖；杨志刚的“Multiple anodic chambers sharing an algal raceway pond to establish a photosynthetic microbial fuel cell stack：Voltage boosting accompany wastewater treatment”获二等奖；陈力硕的“Multivariate optimization of ciprofloxacin removal by polyvinylpyrrolidone stabilized NZVI/Cu bimetallic particles”、黄岩的“Green recovery of lithium from water by a smart imprinted adsorbent with photo-controlled and selective properties”获三等奖。

学校发布《山东大学关于表彰第三届研究生学术之星奖获得者的决定》（山大研字〔2020〕120 号），博士研究生孙晓东获此殊荣（全校 9 人）。

学校发布《山东大学关于表彰 2020 年度校长奖获得者的决定》，2017 级本科生赵树南、2018 级硕士研究生蒋蕴涵、2019 级博士研究生孙晓东获“校长奖学金”。

学校发布《山东大学关于表彰 2020 年度研究生国家奖学金获得者的决定》，博士研究生尚亚男、孙晓东和硕士研究生房红莉、蒋蕴涵、王海澜、孙凯伦、彭丽静获此殊荣。

马腾飞的毕业论文《浒苔基生物炭催化剂的制备及降解新诺明的研究》被评为“2020 年度全国高校环境类专业本科生优秀毕业论文”。

学校发布《关于表彰山东大学 2020 年本科优秀毕业论文（设计）作者及指导教师的决定》，陈诚的《原位热解浒苔制备碳催化剂催化去除有机污染物》、张雪的《生物电化学强化反硝化型甲烷厌氧氧化脱氮性能的研究》入选。

学校发布《关于表彰 2020 年山东大学优秀学位论文作者及指导教师的决定》，张练的《络合剂耦合硫化零价铁增强废水中偶氮染料去除及机理研究》，被评为优秀硕士学位论文。

学校发布《山东大学关于表彰 2020 年度优秀研究生标兵和优秀研究生的决定》，蒋蕴涵被评为山东大学 2020 年度优秀研究生标兵；谭琳睿、秦静、孙丰凯、郭康鹰、李佳欢、李楠、李鑫鑫、尚亚男、王旭、齐泮晴、赵逸、邢苏芳、纪明德、潘静文、翟一杰、赵睿、王海青、高妍、高雪、任少杰、张练、李建伟、孙晓东、孔岩、王鑫25人被评为山东大学2020年度优秀研究生。胥梦晨被评为山东省优秀研究生。

学校发布《山东大学关于表彰2020届优秀毕业生的决定》，省优秀毕业生主要有刘晓雨、王彦婷、王茜、孙林潇、胥梦晨、陈浩、董晓春、郑鑫、王顺、卢盛；校优秀毕业生主要有倪睿、魏蕾、舒钊、王志杰、王忠玮、李会会、任佳、田维萱、田祥伟、孙智闲、李萍、卢泊冰、刘文瀚、沈雪、杨志刚、赵娇、王一囡、霍梦玲、高航、孙亚红、郭雅丽、郝超志、吴越、曲文君、马小芳、陈婉莹、王玉霞、刘晶、申晓旭、苗菲、李会娟。

跋

每一次学习山东大学环境学院高质量发展的20年历史，山大环境人严谨治学，攻坚克难，求实创新，敢为人先的历史画面更加生动具体。感谢徐长平老师主笔，辛勤搜集资料，所有老师积极奉献，查漏补缺，以文字记录这20年的励精图治、风雨同舟，让已退休的师长回味往事，看到自己的事业后继有人；让校友重温过去，看到学院取得的新成就；让活跃在科研教学一线的同事勉励自己，策马扬鞭；让学子们珍惜机遇，更加热爱自己的专业。这是学院汇编出版此书的目的。

这20年的历史是砥砺奋进的历史。环境人坚守师道传承，艰苦奋斗，崇德敬业，在学术上相互欣赏、彼此尊重，在工作上相互信任、团结合作，始终面向国家环境事业的重大需求，坚持与祖国环境保护同向同行，为守护蓝天、碧水、净土，建设美丽健康中国作出了突出贡献。学院开拓创新，勇立潮头，学术研究实力凸显，前沿交叉特色鲜明，承担了一批前瞻性、基础性的国家与地方的科研攻关项目，践行把论文写在祖国大地上的时代使命，取得了一系列突破性重要成果，为国家与地方经济发展与环境保护奉献了“山大智慧”，提供了“山大方案”。学院老师潜心治学，淡泊名利，无私奉献，精心育人，培养了一批科研、教育、管理等领域的拔尖创新人才，在构建资源节约型、环境友好型社会的绿色低碳发展中作出了重要贡献。

感谢学校领导及学院同事的信任，让我有机会与大家砥砺同行，为学院的进一步发展壮大并肩奋斗。目前，环境学院已是山大学科高峰计划重点支持建设的优势学科，环境科学与生态学稳居全球 ESI 前 1%，环境工程专业入选国家级一流本科专业建设点。新的起点、新的使命呼唤新的作为。深刻理解学科建设与人才培养的高质量发展内涵，践行立德树人，坚持学术创新，笃行不怠，砺行致远，让环境人的努力得以落地生根、开花结果。

景传勇

2022 年秋